노인복지총서 III

60대, 새로운 시작을 열다

노인일자리사업

대표저자 이준우

공동저자 지경희 · 황수정 · 이현아 · 안슬지

도서출판 파란마음

머리말

꽤 오랜 시간 학교에만 있다가 또 다시 현장에도 한쪽 몸을 담아보니 많은 것을 배우고 생각하게 된다. 실천 학문이라 흔히 말하는 사회복지학을 가르치고 사회복지사를 양성하는 교수가 그동안 급변하는 사회복지 현장을 몰라도 너무 몰랐다는 반성과 성찰을 하게 되었다. 원래 교수는 말과 글로 사는 직업이다. 세상 돌아가는 일에 책임질 필요가 없고, 그럴 의지도 없으면서도 말은 잘하고 글도 잘 쓴다. 그래서 교수의 말은 대학 울타리 안에서 맴돌 가능성이 높다. 물론 사회를 변혁시키며 세상을 섬기는 데에 최선을 다하는 훌륭한 교수들도 많다. 하지만 동시에 많은 교수들은 끝없는 진단과 비판에 능하나 실행은 상당히 미흡한 것이 사실이다. 나 또한 교수이니 이러한 교수의 특성을 비껴갈 수 없을 것 같다.

그런 면에서 '화성시' 로부터 수탁받아 '강남대학교' 가 운영하고 있는 '화성시 남부노인복지관' 의 관장을 맡게 되어 지역사회와 서비스이용자인 어르신들을 섬길 수 있다는 것은 정말 큰 축복이며 감사한 일이다. 그러면서 강한 책임감을 떨쳐버릴 수가 없다. 제대로 기관을 운영하고, 확실하게 노인복지서비스를 실천하지 않으면 안 되겠다는 마음이 든다. 대학이 운영하고, 교수가 관장인 복지관이 선구적인 노인복지실천을 수행해 내지 못한다면 안 될 것같기에 더욱 그렇다.

1989년 처음으로 서울에 노인복지관 2개소가 개관하면서 우리나라의 노인복지관은 본격적으로 서비스실천을 하게 되었다. 이제 노인복지관의 역사는 대략 22년에 이르고 있다. 그러므로 우리나라 노인복지관은 성인이 되어 스스로 서비스를 제공할 수 있는 약관(弱冠)을 넘어서서 본격적인 노인복지실천의 성과를 산출할 수 있는 나이 30세인 이립(而立)을 향해 전진해가고 있다. 실제로 노인복지관은 우리나라의 가장 대표적인 노인복지서비스 기관으로 굳건하게 자리매김되었다. 또한 노인복지관의 서비스와 헌신적인 노력의 결과로 지역사회가 노인친화적인 환경으로 아름답게 변모해 가고 있다. 바야흐로 우리나라의 노인복지관은 국내만이 아니라 해외에서도 관심의 집중을 받는 명실상부한 노인복지실천 전문기관으로 성장하였다.

하지만 이러한 노인복지관에 대한 긍정적인 평가와 기대 및 인식이 있음에도 현재 노인복지관의 상황을 꼼꼼하게 점검해 보면 여전히 개선해야 할 측면이 많다. 예를 들어, 고령화된 사회 속에서 최근 급격하게 늘어나고 있는 서비스이용자들에 대해 양적인 서비스는 어느 정도 원활하게 수행되고 있으나 서비스개입실천의 질적 수준을 향상시켜 나가는 데에 있어서는 좀 더 분발해야 할 필요가 있다.

'화성시남부노인복지관' 의 경우도 마찬가지이다. 증가 일로에 있는 서비스이용자들에 대해 지극히 간략한 서비스 욕구만을 파악한 채, 공급자 중심의 서비스(Provider-Centered Practice)를 제공하고 있는 것이다. 현대 노인복지실천에서 당연하게 목표로 해야 하는 권리에 기반한 실천(Right-Based Practice)까지는 아니더라도 노인복지의 절대 원칙으로 받아들여지고 있는 고객중심 실천(Consumer-Centered Practice)이라는 원칙이 솔직히 엄격하게 지켜지지 못하고 있다.

노인복지관에서 나오는 노인복지실천은 서비스이용자인 어르신들을 격려하고

동기를 부여함으로써 그들이 스스로를 성장시키도록 돕는 과정이 되어야 한다. 그래서 노인복지관에서 근무하는 노인복지실천 전문가는 어르신들이 비전을 세워서 미래를 향해 나아가도록 도와야 할 책무를 가진다. 여기에서 노인복지실천은 역행적으로 과거를 돌아보는 것이 아니라 주도적으로 앞을 바라보는 것이다. 노인복지실천은 단지 재활이나 치료에 관한 것이 아니라 성장에 관한 것이다. 즉, 노인복지관의 노인복지실천은 서비스이용자인 어르신의 약점을 극복하는 데에만 초점을 맞추기보다는 어르신의 능력과 기술 그리고 힘을 기르는 데 초점을 맞추어야 한다. 그래서 노인복지관의 직원들과 어르신들은 '전문가서비스이용자' 관계보다 덜 형식적이며 대등한 두 사람 사이의 파트너십에 더 가까운 관계형성을 해야 한다. 그러므로 노인복지관의 직원들이 추구해야 할 노인복지실천의 목표는 깨어진 것을 고치는 데 있지 않고 어르신들이 이미 갖고 계신 오래된 재능을 사용하여 더 큰 효과를 낼 수 있는 새로운 재능과 새로운 방법을 발견하는 데에 있다.

그러나 여전히 노인복지관은 어르신 서비스이용자의 문제, 욕구나 권리를 면밀히 확인하고 사정하면서 동시에 어르신의 욕구에 부응하는 서비스 제공을 체계적으로 실현해 내지 못하고 있다. 노인복지관의 가용한 인력, 시설, 재원과 지역사회의 동원 가능한 인적·물적 자원의 범위 내에서만 서비스를 제공하는 서비스 공급자 중심의 실천을 할 수밖에 없는 상황인 것이다. 노인복지관이 서비스이용자 중심의 실천과 서비스를 제공하는 데는 인력, 시설, 재정 등의 내적 역량과 외부적 제약이 뒤따른다. 그렇지만 노인복지실천에서 서비스이용자 중심의 서비스와 실천은 반드시 지켜내어야 할 절대원칙이다. 나아가 지역사회에 거주하는 어르신들의 성공적 노후생활을 지원하는 노인복지관의 고유한 사명을 성공적으로 완수하기 위해서라도 권리에 기반한 노인복지실천은 꼭 필요하다. 이와 같은 권리에 기반한 노인복지실천은 '선택'이 아닌 '필수'라고 할 수 있다.

이와 같은 맥락에서 함께 일하는 직원들과 나는 '권리에 기반한 고객 중심의 노인복지실천' 을 어떻게 하면 구현해 낼 수 있을지를 끊임없이 고민하였다. 사실 학교에서 교수로만 있을 때는 피부에 와 닿지 못했는데, 노인복지관 관장으로서 막상 현장에 나와 보니 노인복지실천 전문가들이 엄청난 격무에 시달리고 있음을 알게 되었다. 솔직히 자신의 업무와 현장에 대해 고민할 여유조차 없었던 것이다. 과거 교수가 되기 전에 모 사회복지법인의 사무국장으로 일할 때, 늘 부딪혀 왔었던 위기감이 있었다. '이렇게 일만 하다가 완전히 내 머리가 돌이 되는 것 아닌가?' 라는 생각이었는데, 10여 년이 지난 지금, 거의 유사한 느낌을 갖게 된 것이다. 어떻게 해야 할지를 골몰하다가 공부를 해야겠다고 결론내렸다.

이에 따라 현재 노인복지실천 현장에서 가장 큰 이슈가 되는 주제들을 대략 10~15가지 정도로 압축하여 선정했고, 이들 주제들과 관련된 각종 책들과 자료들, 국내외 학술논문 등을 섭렵해 나갔다. 그러던 중 얼마 후에는 나는 다시 학교로 돌아가야 하고, 진짜 공부해야 할 사람들은 평생 노인복지관에서 일해야 할 사무국장을 비롯한 직원들이라는 생각이 불현듯 들었다. 더욱이 교수이면서 관장인 내가 직원들을 섬길 수 있는 일도 공부시켜서 이들을 잘 성장하도록 지원하는 것이라는 생각도 들었다. 그래서 이와 같은 소중한 학습의 경험을 사랑하고 아끼는 직원들과 함께 나누고 싶어졌다.

하지만 또 한편으로는 노인복지관의 일이 만만치 않은데, 근무 이외의 시간을 직원들에게 공부하라고 하는 것은 자칫 직원들에게는 또 하나의 과중한 부담이지 않을까라는 우려도 있었다. 그러나 노인복지실천 전문가는 연구적 · 실천적 삶을 살아야 한다는 소신이 있었기에 우선적으로는 전 직원이 아닌, 원하는 직원부터 먼저 자발적으로 공부하는 시간을 갖게끔 유도하였다. 그러다보니 자연스럽게 관심 있는 주제별로 삼삼오오 직원들이 모여서 마침내 공부하기 시작하였다.

앎을 중요시하되, 앎에만 매몰되지 않고, 앎을 실현하는 행동적 삶을 살아야 하고, 이런 삶을 살기 위해서는 배우고 훈련받아야 한다는 관장의 말에 귀를 기울이고 따르는 직원들을 보면서 '화성시남부노인복지관' 이 국내 최고의 노인복지관이 될 수 있겠다는 자신감이 생겼다. 또한 처음에는 힘들었지만 시간이 흐르면서 연구적 · 실천적 삶을 사는 몸, 즉 '공부하는 몸이면서 동시에 실천하는 몸' 을 만들어가는 직원들이 자랑스러웠다.

이렇게 '한 번 두 번' 자주 만나고 함께 공부하다 보니 어느새 자료가 되기 시작하였다. 그러다가 직원들 중 한 친구가 "관장님, 이거 책으로 내면 어떨까요?" 라고 하였다. 가만히 생각해 보니 급격하게 확장된 노인복지실천 현장에 비해 막상 실무자들에게 도움이 될 만한 구체적이면서도 정리된 노인복지실천 지침이나 관련 자료들이 턱없이 부족한 것은 사실이었다. '그래 이 참에 책으로 만들어 볼 까?' 라는 마음이 생겼다. 그리고 언젠가 일본에 갔을 때, 문고판 크기로 주요 사회복지 이슈들을 시리즈로 출간한 책들을 본 기억도 났다.

〈노인복지 총서〉 시리즈는 이렇게 해서 세상에 나오게 되었다.

그러나 막상 책이 나오기까지는 상당한 고충이 있었다. 현장 실무자들이 책을 쓴다는 것은 상당한 노력이 요구되었다. 글을 쓰는 훈련의 과정은 자연스럽게 많은 시간이 소요되었다. 많은 에너지를 쏟았으나 직원들이 쓴 초고들은 간신히 대학원 석사과정에서 볼 수 있는 레포트 수준이었다. 애초의 계획은 집필한 직원들이 저자로 등재하고, 나는 감수를 하려고 하였으나 자연스럽게 내가 여러 부분에 개입하게 되었다. 즉, 직원들의 원고를 꼼꼼히 읽고 다듬으면서 단행본의 형태와 수준으로 만들어내는 작업을 수행하였다. 이것은 결코 쉬운 일이 아니었다. 그러나 직원들이 열정적으로 노력하고, 동시에 그들이 멋지게 성장해 가는 경험을 수시로 할 수 있었기에 이 모든 작업이 가능했다고 본다. 솔직한 심정은 아마도 무엇인가에 단단히 홀린 듯 싶다. 이렇게 힘든 작업인 줄 알았더라면 시작도 하지 않았을 텐데 '무식하면 용감하다' 고 덜컥 이 커다란 작업을 추진했던 것 같다. 하여간 관장이 고생했다며 나를 대표저자로 하라 해서 이번 3권의 총서에는 내 이름을 올리게 되었다. 하지만 이번에 큰 경험을 하였으므로 향후에는 직원들이 저자가 되어 책을 쓰고, 출간하게 될 것이다. 그 때에는 진짜 내게 '감수' 정도를 부탁하지 않을까 싶다. 혹은 '감수' 조차도 해달라고 요청하지 않을지도 모르겠다. 그래도 좋다. 사실 그랬으면 좋겠다. 그만큼 직원들이 성장한 것이니까 말이다.

책의 수준이야 어찌되었건 책이 되어 그 결과물이 눈앞의 현실로 나타나게 되니까 정말 감사한 마음으로 가슴이 벅차오른다. 무엇보다도 감사한 것은 이 '총서' 작업을 사랑하는 직원들과 함께 할 수 있었다는 것이다. 국내 최초로 사회복지 교육을 실시한 강남대학교와 동아시아 최고의 복지 거점 도시로 성장해 나가고 있는 화성시가 손잡고 함께 운영하는 '화성시남부노인복지관' 의 우수한 인재들과 밤낮없이 투지를 불태우며 애썼던 그 모든 연구와 집필 과정이 결과적으로는 관장과 직원 모두 성장하는 계기가 되었다고 본다. 뿐만 아니라 현장 실무자들도 자신의 분야를 연구하고 임상적으로 경험한 내용을 담아 노인복지 발전에 이바지하는 소중한 자료를 출간할 수 있음을 보여주었다는 것도 뿌듯하다. 나아가 우리가 쓴 책의 내용이 우리가 몸담고 있는 '화성시남부노인복지관' 에서만이 아니라 다른 여러 노인복지관들에서도 활용할 수 있을 것이라는 확신이 드는 것도 큰 기쁨이다.

끝으로 본 총서 시리즈(1~3권)가 나오는데 공동 저자로 수고해 준 여러 직원들에게 고마운 마음을 전한다. 특별히 이 모든 과정에서 출판사와의 연락, 각 필진들 간의 소통, 교정과 교열 등 많은 일들을 헌신적으로 도맡아 준 임은화 과장과 이현아 선생의 노고는 아무리 치하해도 부족함이 없을 것으로 본다. 또한 예정된 원고 마감시간을 훌쩍 넘긴 채, 원고를 드리면서도 출간 날짜는 복지관 개관 3주년에 맞춰 달라고 떼쓰는 몰염치함에도 다 이해해 주시고, 본 총서를 이토록 멋진 책으로 만들어 주신 도서출판 파란마음 황호철 사장님과 직원 여러분께도 큰 감사를 드린다.

이 모든 것을 가능케 하신 하나님과 우리의 고객이신 어르신들께 진심으로 감사 드린다.

2011년 9월 19일
화성시남부노인복지관에서
대표저자 이준우

차례

제 1 장

노인일자리사업의 이해

1_ 노인의 역할상실과 빈곤
2_ 사회의 고령화, 그리고 노인들이 설 자리
3_ 노년기 경제활동의 이점

멕시코시티의 커다란 시장 한 편 그늘진 곳에서 인디언 노인이 양파 스무 묶음을 놓고 팔고 있었다. 마침 그 앞을 지나가던 한 신사가 말을 건넸다.

"여기 있는 양파 스무 뭉치를 몽땅 살 테니 얼마에 주시겠습니까?"

그 노인장은 "양파 모두를 당신에게 팔 수는 없소." 라고 대답했다.

의아해진 신사가 "아니 노인장, 양파를 팔려고 나오신 게 아닙니까?" 라고 물었더니, 노인은 빙그레 웃으면서 이렇게 말했다.

"나는 양파를 팔면서 동시에 내 인생을 사려고 이 장터에 나와 있는 것이라오. 내가 당신에게 양파를 한 번에 다 팔고 나면 방석을 접어 집으로 돌아가야 하지 않겠소? 그렇게 되면 나는 내 인생의 소중한 하루를 일찌감치 접어 버리는 것이 되기 때문이오."

*이 글은 조성남(2005), 《에이지붐 시대》, 이화여자대학교 출판부에서 발췌하였다.

1 노인의 역할상실과 빈곤

고령인구가 증가하면서 사람들의 관심사는 어떻게 하면 보다 오랫동안 건강하게 삶을 살아갈 것인가에 모아지고 있다. 최근 들어 증가하는 노인과 노년의 삶에 대한 논의에는 고령화라는 변수를 어떻게 긍정적인 방향으로 이끌어 갈 것인가, 고령화 시대에 노인을 비롯한 사회 구성원이 보다 풍요로운 삶을 살기 위해서는 어떠한 대응을 해야 하는가 등의 고민이 담겨 있다고 할 수 있다. 고령화 사회에서 노인을 비롯한 사회 구성원 모두가 건강하고 행복한 삶을 살아가는 것이 바로 고령화 사회의 가장 중요한 이슈이고, 풍요롭고 건강한 삶을 결정하는 필요조건 중의 하나는 바로 경제문제라고 할 수 있다. 사회 전체의 경제상황, 또 개인의 경제적 능력 등 모든 경제문제는 삶에 직접적으로 영향을 미친다(조성남, 2005). 그 중에서도 노인인력을 취업인력으로 활용하지 못하면서 야기되는 역할상실은 노인문제에 원인되되고 있다(이준우, 2009b).

대부분의 인간은 사회적인 역할수행을 통해 자신의 존재 의의를 찾는 경향을 보이는데, 사회가 바라는 역할을 제대로 수행하지 못하거나 기대되는 역할의 내용 자체가 불확실해지면 정체감의 위기에 빠져 혼란스러워하거나 허탈감을 느끼게 된다. 사실 사람이 늙는 것을 싫어하거나 두려워하는 것도 따지고 보면 본능적인 생에 대한 집착 외에, 늙어가면서 사회적으로 인정받을 수 있는 역할을 상실하는 데에 그 이유가 있다고 볼 수 있다(이준우, 2009a).

1) 노인의 역할상실

과거 농경사회에서는 노인들이 강력한 가부장권을 행사하며 권위와 존경의 상징으로 군림해 왔으나, 산업사회에서는 노인들의 역할상실 경향이 매우 강하게 나타나고 있다. 이는 사회가 급격히 산업화되면서 젊은 세대와의 경쟁에서 밀려날 수밖에 없는 노인 세대는 노동에 대한 수요가 크게 제한되는 현실에 직면하게 됨으로써 생산 현장에서의 역할이 상실될 수밖에 없는 것이다.

그러나 오늘날 평균 수명의 증가로 노년기에 보내야 할 시간이 많아짐에 따라 할 일 없는 노인들, 즉 사회적 역할을 상실한 채 고독과 좌절감 속에서 일생의 마지막 시기를 보내야만 하는 노인들의 수는 날로 증가하고 있다. 그 결과 노인들의 경험에 의해 축적된 지식과 기술은 가정과 사회에서 점차 퇴색되어지고, 동시에 그들은 생산성의 측면에서 젊은 층에 비해 교육 수준이나 정보, 지식, 기술 등에서 뒤쳐질 수밖에 없으며, 노인들의 권위는 급격히 하락하게 되고 만다. 바로 이러한 측면에서 노인들의 역할상실은 심각한 사회문제로 드러나게 된다.

대표적인 예를 들면, 직장에서의 은퇴와 노인계층으로의 편입은 이전에 가지고 있던 사회적 지위 및 경제적 능력의 약화와 사회적 역할을 감소시킨다. 사회적 역할이 감소된다는 것은 역할기대의 감소를 말하며 이는 자아정체성의 혼돈, 자아상실감, 무력감을 야기하고 나아가 노년기의 소외와 고독으로 이어진다. 특히 핵가족화와 전통사회가 가지고 있던 경로효친 사상의 약화는 노인으로 하여금 가족 내에서마저 역할상실과 역할기대의 감소를 경험한다(고수현 · 윤선오, 2006).

2) 노인의 빈곤

빈곤의 원인에 관한 여러 가지 이론 중 인적 자본 이론에 따르면 성별, 연령 등과 같은 인구학적 특성이 노동자의 생산성에 영향을 미치게 되며, 연령과 생산성 사이에는 거꾸로 된 U자형 관계가 있다고 한다. 즉, 노인은 젊은 연령층에 비해 생산 활동에 있어 상대적으로 불리한 인구학적 특성을 가지게 되어 빈곤에 처할 가능성이 크다는 것이다(이혜신, 2006). 또한 높은 연령 자체만으로도 빈곤에 취약하지만 비슷한 연배의 노인들 중에서도 각자가 지닌 성별이나 교육수준, 가구형태, 거주지역 등 여타 인구학적 특성에 의해서도 경제적 지위가 결정될 수 있다(이준우, 2009b). 이는 노인빈곤이 일반적인 빈곤의 요인들과 거의 대부분 유사하지만 '고령화'라는 현실이 빈곤을 더욱 심화시킬 수 있음을 보여준다. 나이를 먹는다는 현상 자체가 또 하나의 빈곤의 요인이 될 수 있다는 것이다. 바로 여기에서 노인의 빈곤 문제, 즉 노인의 '경제적 어려움'이라는 문제가 사회가 책임져야 할 영역이 되게끔 한다.

이러한 노인의 경제적 어려움의 원인은 크게 사회적 요인과 개인적 요인으로 나누어 생각해 볼 수 있다(이초한, 1998; 이준우, 2009a). 첫째, 사회적 요인으로는 사회보장제도가 갖춰지지 않는 상태가 원인으로 지적될 수 있다. 둘째, 개인적인 요인은 가족의 부양기능 약화, 과다출산과 자녀양육으로 인한 부담, 노령에 따른 질병, 현대 산업사회에의 적응력 부족, 남에게 의지하려는 마음 등을 들 수 있다.

이상과 같은 노인의 경제적 어려움의 원인을 '노인빈곤의 원인'으로 확장시켜 좀 더 구체적으로 살펴보면 다음과 같다(박광준, 2004; 고수현 · 윤선오, 2006; 이준우, 2009a; 이준우, 2009b).

첫째, 가장 큰 원인으로 지적되는 것은 퇴직으로 인한 소득상실이다. 고용을 통해 소득을 얻고 있는 대다수의 경제활동인구는 일정한 연령이 되면 정년제도에 의해 강제적으로 퇴직할 수밖에 없게 되고 이로 인해 소득원을 잃게 된다. 의학기술의 발달로 인해 평균수명이 만 70세 이상으로 연장된 현 시점에서는 만 55~60세의 정년연령이 너무 이른 것으로 지적되고 있다. 만 55~60세의 중고령자는 한창 일할 수 있는 시기임에도 불구하고 정년퇴직제도로 인해 퇴직하여 직장을 잃게 됨으로써 정신적 · 심리적 상실감도 크고, 만 55~60세쯤이 개인의 생활주기 중에서 자녀 양육비가 가장 많이 들 때이므로 경제적 손실감도 크다고 할 수 있다.

우리나라 노인의 경우 자신이 경제활동에 참여하던 시기에 자녀의 양육비, 결혼 준비 및 자녀들의 경제적 독립을 위한 지원 등의 과도한 부담으로 인해 정작 자신의 노후는 충분히 준비하지 못한 실정이다. 하나 HSBC생명이 17개국의 경제활동 인구 1만 7,000여 명을 대상으로 실시한 설문조사 결과에 따르면 한국인 응답자들 중 55%가 은퇴하면 생각나는 단어로 '재정적 위기'를 우선적으로 꼽았다고 조사되었다(뉴시스아이즈, 2011. 8. 2.). 또한 통계청(2010)의 '사회통계조사' 결과에 따르면 전국 3만 3천 표본 가구원 중 38.2%가 노후를 전혀 준비하지 않는 것으로 조사되어 개개인의 충분한 노후준비를 기대하기 어려운 상황으로 조사되었다. 뿐만 아니라 노후대비를 하고 있다는 사람들도 국민연금, 공적연금, 퇴직금 같이 정부가 제공하는 기초적인 노후수단을 이용하는 사람이 전체의 47.5%나 되어 실제적인 노후대비를 하는 사람은 전체 국민의 15% 정도로, 노후대비가 턱없이 부족한 실정이다.

둘째, 현대사회의 급격한 사회구조 변화로 인한 노인들의 사회적응력 상실을 그 원인으로 볼 수 있다. 이는 앞서 '노인의 역할상실'에서 살펴본 내용과 동일하다. 즉, 급변하는 현대 산업사회는 근로자들에게 새로운 지식과 기술 및 강인한 체력과 고도의 기민성을 요구하고 있다. 그러나 나이가 많은 노인들은 청 · 장년에 비해 산업사회의 요구에 대응할 수 있는 능력이 떨어지므로 근로조건 및 취업기회에서도 불리하다.

셋째, 노후대책이 잘 갖춰지지 않는 점에서도 그 원인을 찾을 수 있다. 청 · 장년기의 소득만으로는 노후를 사전에 준비하기에 불충분하고, 직업의 불안정으로 노후대책이 어려운 경우가 많다. 또한 자녀들에 대한 기대감이나 의존감이 커서 노후대책으로 자녀를 양육하는 경우가 많은데 오늘날 자녀들의 노인부양 의식이 약해져 감으로써 노후생활이 문제로 나타나게 되었다.

넷째, 사회보장제도가 미비하고 낮은 수준에 있기 때문이다. 한국갤럽조사연구소(1990)의 노인 의식구조 조사에서 돈이 필요해서 재취업을 원하는 노인이 우리나라는 63%에 비해 일본은 38%, 미국 24%, 덴마크 27%, 이탈리아 38% 등으로 일본이나 서구국가에 비해 두 배 정도 되는 것으로 나타났다. 이는 상당히 오래된 조사 결과이나 이 같은 현실은 20여 년이 지난 오늘날에도 여전히 유효한 것(한국노인과학학술단체연합회 편, 2007; 이준우, 2009b; 장혜경 역, 2011)으로 판단된다.

실제로 우리나라의 노인이 왜 다른 계층에 비하여 빈곤한가는 비교적 명백하게 설명된다. 우선 공적인 소득보장제도가 미비하여 연금제도에 의해 소득을 보장받는 사람이 소수이고, 이러한 문제를 더욱 심각하게 만드는 요인으로는 정년제가 시행되고 있다는 것이다. 또한 현역 세대였을 때에도 저임금의 근로자들이 많았으며, 원래부터 생활 자원이 결핍되어 있던 경우가 많았던 것으로 보인다. 특히 우리나라의 사회문화적인 요인으로서, 자신이 가진 생활자원을 노후준비에 투입하기보다는 자녀의 교육비 등에 과다하게 지출하는 관행이 있다. 부모는 자신의 노후를 생각하기 전에 자녀를 위해 희생하여야 한다고 하는 사회적 사고가 존재한다는 것이다. 노후생활은 매우 불안정하면서 자식에게 거의 전적으로 의존하는 우리의 관행이었던 탓도 있을 것이다. 그러나 그동안 자식들의 가치관은 변하여 노후생활을 노인 스스로의 능력으로 해결하는 것을 선호하고 있기 때문에 현재의 노인들의 생활환경은 매우 어려울 수밖에 없다.

2 사회의 고령화, 그리고 노인들이 설 자리

앞서도 언급한 바와 같이 고령화는 우리 사회를 과거와는 전혀 다른 세계로 변화시키고 있다. 그러한 변화들 중에서 심각한 사회문제로 대두되고 있는 것들을 간략히 설명하면 다음과 같다(이혜훈, 2001; 한국노인과학학술단체연합회 편, 2007; 장혜경 역, 2011).

우리나라의 급속한 고령화는 제일 먼저 경제성장의 위협요인이 되고 있다. 노동공급 측면에서 볼 때, 생산가능인구(15~64세)의 감소와 생산가능인구 자체의 고령화는 노동생산성 저하 등 경제성장의 둔화 현상으로 작용하고, 자본공급 측면에서는 고령화의 진전은 저축률 하락으로 인해 사용할 수 있는 자금 감소와 투자 위축을 초래하고 있다.

수요 측면에서는 고령자가 소비의 중심 계층으로 떠오르고, 고령층의 생활을 지탱하는 실버산업과 같은 새로운 산업 분야의 비중이 확대되고 있다. 재정적인 면에서 고령화는 국가재정의 수요 및 공급에 엄청나게 큰 영향을 주게 된다. 특히 재정공급 측면의 경우 향후 출산율 저하 및 평균수명 연장에 따른 취업자 수 감소와 경제 성장의 둔화 등으로 조세수입 및 사회보험료 수입을 지속적으로 감소시키게 될 것이며, 반면 재정수요의 경우는 노인인구의 지속적 증가에 따른 연금 수급자의 증가 및 노인의료비, 노인복지비 등의 상승은 재정수요의 급증 요인으로 작용될 전망이다.

이 밖에 인구 고령화로 인한 주요 문제로는 한정된 자원에 대한 배분과 가치관의 차이로 인해 노인 세대와 젊은 세대 간의 갈등이 발생하고 있는 것이며, 가족 내에서는 여성의 사회진출 증가로 인해 수발을 필요로 하는 노인에 대한 부양을 둘러싼

가족 간의 갈등, 국가 간의 갈등이 발생하여 전체 사회의 통합을 어렵게 만들 수 있다는 것이다. 이와 같이 노인인구의 증가는 노인 개개인의 문제와 함께 전체 사회에 부담을 주는 사회문제가 되고 있다.

그렇다면 사회가 고령화되면서 '노인들이 설 자리는 어디인가?' 라는 물음을 제기할 수 있다.

사실 정부나 민간 기업은 경제난에 따른 높은 실업률을 해소하기 위한 구제정책으로 다양한 인력개발 정책, 직업훈련 등을 제시하고 있지만 여전히 노인인력을 활용하기 위한 정책은 미흡한 것이 현실이다. 또한 명예퇴직 및 조기퇴직을 추진하는 민간 기업들이 늘어나고 있어 중·고령자들은 생계가 보장되지 않은 채 은퇴하는 비율이 늘어나고 있으며, 가족관계나 부양의식 등 사회문화적 가치관의 변화까지 더해지면서 의지할 데가 없는 '노후 난민' 의 증가마저 우려되는 상황이다. 실제로 우리나라 노인 가구 가운데 3분의 1 이상이 소득수준이 최저생계비에도 못 미치는 절대빈곤 상태인 것으로 나타났으며, 빈곤율은 45.1%로 전체가구 빈곤율보다 2.5배나 높은 것으로 조사되었다. 노후빈곤이 심화되면 소비가 위축되고 의료비 등 사회보장비용 증가로 재정을 악화시켜 경제 활력을 위축시키는 연쇄 축소의 악순환이 이어질 수 있기 때문에 이에 대한 대책이 마련되어져야 할 필요가 있다(내일신문, 2011. 8. 11.).

더욱이 이인재(2005)는 고령사회에서는 고령인력을 노동시장에서 활용하지 못할 경우 국가의 경쟁력은 물론이고 우리 사회의 기본존립마저 위태로울 수 있어 미래사회는 노인의 건강이 허락하는 한 노인도 일을 해야 그 사회가 유지될 것이라고 하였다. 이에 따라 오늘날의 노인복지는 성공적인 노후생활을 위한 경제적·사회적·심리적 욕구를 고르게 채워줄 수 있도록 돕는 것이며, 직접적으로는 사회참여의 한 형태로서 자신의 능력을 최대한 발휘할 수 있는 기회를 제공하고 이를 통해 경제적·사회적 보상을 얻도록 함으로써 노인인력을 활발하게 활용하는 활동이라

할 수 있다(이준우, 2009a).

따라서 다가오는 고령사회를 대비하여 노인의 능력을 활용할 수 있는 보다 능률적이고 효과적인 체계를 마련하고, 이를 통해 보다 많은 노인에게 능동적으로 사회참여를 할 수 있는 기회를 제공하여 나아가 노인인력 활용을 통해 국가 경쟁력 강화의 선두주자가 될 수 있도록 해야 할 것이다(변재관, 2006).

TIP 우리나라 고령자 취업 비율은?

OECD 회원국 중 우리나라의 고령화 속도는 1위이지만, 대조적으로 고령자 고용율은 하위권에 머물고 있다. OECD 회원국의 평균은 46.1%에서 54.5%로 증가하였지만, 한국의 고용율은 62.9%에서 60.4%로 오히려 감소하는 추이를 보이기 때문이다. 고용율은 떨어지고 있지만, 한국의 많은 고령자들은 여전히 일을 하기를 원하고 있다. 통계청 자료에 따르면 55~79세 노인 중 취업희망자의 비율은 90.1%에 이른다. 취업을 원하는 이유로는 '생활비에 보탬이 되기 때문'이 가장 많았고 '일하는 즐거움'이 뒤를 이었다. 이전에는 자기만족이 취업의 주된 이유였다면, 현재는 생활비가 1위를 차지하고 있다.

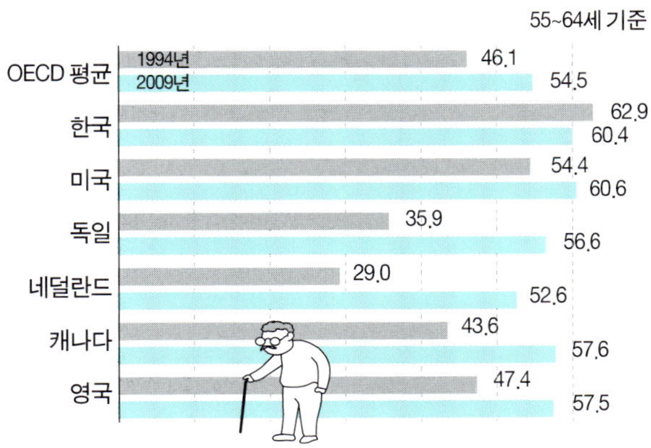

OECD 고용자 고용률 변화 (단위: %)

출처: 서울신문(2011. 4. 7.). 노인들 '돈 때문에 일자리 필요' 89%.
연합뉴스(2010. 10. 1.). OECD 고령자 고용율 변화.

3 노년기 경제활동의 이점

노년기에 경제활동을 함으로써 갖게 되는 이점을 4가지 측면-신체적 측면, 심리적 측면, 사회적 측면, 경제적 측면-으로 살펴보고자 한다.

1) 신체적 측면

노인이 되면 생물학적 노화로 인해 신체의 기능이 퇴행해가며 이에 따라 육체적인 변화가 오게 된다. 하지만 경제활동을 통해 규칙적인 생활을 하게 되면 신체적인 건강을 유지하는 데 긍정적인 영향을 미치게 되고 성공적인 노후생활을 유지할 수 있게 된다. 즉, 노인들은 생산적 활동에 지속적으로 참여함으로써 신체적 건강 유지는 물론 정신적으로도 건강한 상태를 유지할 수 있게 된다(이준우, 2009b).

한 ㅇㅇ홈쇼핑 방송 모델로 10년 넘게 활동 중인 한ㅇㅇ(67) 할머니는 "항상 방송 스케줄을 기억하고 드라마나 광고에 출연할 때는 대사까지 외우다 보니 기억력이 좋아진다. 또 많이 움직이고 화장도 자주 하니까 젊어 보인다는 소리도 많이 들었다" 며 "친구들은 남편이 퇴직한 경우가 많은데 나는 혼자 힘으로도 돈을 벌고 있으니 경제적인 면에서도 도움이 된다."[1]는 사례는 경제활동이 주는 신체적 이점을 잘 나타내 주고 있다(서울경제신문, 2009. 6. 17.).

---

1) 서울경제신문(2009. 6. 17.). '애플세대의 'No老 선언' 기사 전문을 참고하였다.

2) 심리적 측면

노인에게 있어서 일은 경제적 편익뿐만 아니라 사회적 지위 및 역할을 부여하고 대인관계를 형성하는 데 도움을 주며 자아정체감, 명예, 만족감 등을 준다는 데 의미하는 바가 크다. 노인들이 보다 만족스런 삶을 살 수 있도록 하기 위해서는 사회와 경제생활에서 적극적이고 생산적인 삶을 살 수 있는 활력을 불어넣어야 한다. 노인들도 여가생활뿐만 아니라 학습, 노동, 돌봄 등 다양한 생활양식 중에서 자신이 하고자 하는 것을 자유롭게 선택하여 여생을 활기차게 보낼 수 있어야 함을 의미한다(윤명훈, 2010).

활동이론가인 애슐리(Atchley, 1982)에 의하면 일을 비롯한 활동에 참여하는 것은 개인의 자아개념을 확인하고 개인의 긍정적인 자아상을 확립하고 유지하는 데 필요하며 결국 높은 생활만족도를 가져온다고 하였다. 따라서 자신에게 적절한 일을 갖고 만족스러운 삶을 사는 것이 건강한 자아존중감을 갖기 위한 노년의 과제이다(김소향 · 이신숙, 2009 재인용).

3) 사회적 측면

저출산 · 고령화로 인해 생산가능인구가 감소함에 따라 사회적으로 노인부양을 가중시키는 문제를 초래하게 된다. 2005년에는 생산가능인구 8.2명이 노인 1명을 부양하였으나 2020년에는 4.6명, 2050년 1.4명이 노인 1명을 부양해야 하며, 그 결과 세대 간 갈등을 유발시키는 사회문제를 야기시킨다는 것이다(대통령비서실 고령사회대책 및 사회통합기획단 인구 · 고령사회대책팀, 2004). 따라서 이러한 문제에 따른 경제적 · 사회적 부담을 완화하기 위한 수단 중의 하나로 노인인력 활용의 필요성이 제기된다. 노동력의 감소와 고령화는 노동공급의 축소를 수반하는 경향이 있어서

이를 상쇄할 만한 노동생산성의 증가가 이루어지지 않는다면 경제성장의 둔화 내지 정체로 이어지고, 그렇게 되면 사회보장지출 증가에 따른 막대한 국가재정 부담과 그 비용을 담당해야 하는 근로계층의 저항 등의 사회문제를 촉발할 것이기 때문이다(손유미, 2003). 따라서 노인인력을 유용한 분야에 활용함으로써 국가경쟁력을 향상시킬 수 있다.

4) 경제적 측면

핵가족화에 따라 가정에서 노인에 대한 부양의식은 점점 약화되고 있으며, 소득원이 없는 노인의 노후 생활비 마련은 심각한 문제로 나타나고 있다. 노인들이 직면하고 있는 가장 기본적인 문제는 경제적인 어려움에 처하게 되는 것인데, 수입원이 없어짐에 따라 빈곤이 심화되고, 연금제도도 체계적으로 개발되지 않은 현 시점에서 노인들의 취업기회를 통한 소득보장이 주요한 과제로 나타나게 된다.

나아가 세계적으로 유례없는 저출산율로 우리나라는 2016년 생산가능인구(3,650만 명)가 정점을 이른 후 지속적으로 감소할 전망이다. 이는 결국 저축과 소비, 투자의 위축을 불러오고 국가 경제발전을 저해함과 동시에 국가경쟁력의 약화를 초래할 수 있다. 또한 고령화로 인해 사회보장지출을 확대하는, 국가에 막대한 재정 부담을 초래하는 주요 원인이 될 수 있다.

결국 노년기 경제활동은 국가적으로 사회보장지출을 완화시켜 국가경쟁력의 약화를 예비할 수 있으며, 노인 개개인에게는 사회적으로 의존적인 존재가 아닌 당당한 사회구성원으로서 자긍심을 고취시킬 수 있게 되고 자립심을 가지게 한다. 이렇게 노인은 사회로부터 분리된 삶이나 치료의 대상이 아니라 사회 속에서 삶을 지속할 수 있는 존재이어야 하고, 그러기 위해서는 노인의 독립성을 확보할 수 있는 소득에 대한 접근이 보장되어야 한다. 노인의 사회참여는 임금노동 그 이상의 것으로 일상생활을 영위하고, 자원봉사활동, 지역사회에 참여하는 것을 포함해야 한다(류은숙, 2009).

TIP 노인을 위한 유엔원칙

1. 독립(Independence)

① 소득, 가족과 지역사회의 지원 및 자조를 통하여 적절한 식량, 물, 주거, 의복 및 건강보호에 접근할 수 있어야 한다.

② 일을 할 수 있는 기회를 제공받거나, 다른 소득을 얻을 수 있는 기회에 접근할 수 있어야 한다.

③ 직장에서 언제 어떻게 그만둘 것인지에 대한 결정에 참여할 수 있어야 한다.

④ 적절한 교육과 훈련 프로그램에 접근할 수 있어야 한다.

⑤ 개인의 선호와 변화하는 능력에 맞추어 안전하고 적응을 할 수 있는 환경에서 살 수 있어야 한다.

⑥ 가능한 오랫동안 가정에서 살 수 있어야 한다.

2. 참여(Participation)

① 사회에 통합되어야 하며, 그들의 복지에 직접 영향을 미치는 정책의 형성과 이행에 적극적으로 참여하고, 그들의 지식과 기술을 젊은 세대와 함께 공유하여야 한다.

② 지역사회 봉사를 위한 기회를 찾고 개발하여야 하며, 그들의 흥미와 능력에 알맞은 자원봉사자로서 봉사할 수 있어야 한다.

③ 노인들을 위한 사회운동과 단체를 형성할 수 있어야 한다.

3. 돌봄(Care)

① 각 사회의 문화적 가치체계에 따라 가족의 지역사회의 보살핌과 보호를 받아야 한다.

② 신체적 · 정신적 · 정서적 안녕의 최적 수준을 유지하거나 되찾도록 도와주고 질병을 예방하거나 그 시작을 지연시키는 건강호보에 접근할 수 있어야 한다.

③ 인간적이고 안전한 환경에서 보호, 재활, 사회적 · 정신적 격려를 제공하는 적정 수준의 시설보호를 이용할 수 있어야 한다.

④ 그들이 보호시설이나 치료시설에서 거주할 때도 그들의 존엄, 신념, 욕구와 사생활을 존중받으며, 자신들의 건강보호와 삶의 질을 결정하는 권리도 존중받는 것을 포함하는 인간의 권리와 기본적인 자유를 향유할 수 있어야 한다.

4. 자아실현(Self-fulfillment)

① 자신들의 잠재력을 완전히 발전시키기 위한 기회를 추구하여야 한다.

② 사회의 교육적 · 문화적 · 정신적 그리고 여가에 관한 자원에 접근할 수 있어야 한다.

5. 존엄(Dignity)

① 존엄과 안전 속에서 살 수 있어야 하며, 착취와 육체적 · 정신적 · 학대로부터 자유로워야 한다.

② 나이, 성별, 인종이나 민족적인 배경, 장애나 여타 지위에 상관없이 공정하게 대우를 받아야 하며, 그들의 경제적인 기여와 관계없이 평가되어야 한다.

출처: 인권오름(http://www.hr-oreum.net).

제2장

국내의 노인일자리사업

1_ 노인일자리사업의 개념과 정의
2_ 노인일자리사업 관련법과 정책
3_ 노인일자리사업 추진체계
4_ 노인일자리사업의 현황
5_ 미국과 일본의 노인일자리사업 및 정책

쉬어가기

또 다른 인생의 시작, 즐거움이 되어준 일자리사업!

최은제_시설전담도우미 노인일자리 참여자, 85세

노인들을 위한 종교활동을 같이하고 있는 회원 한 분을 길가에서 우연히 만나게 되었다. 화성시 동부출장소로 상담 근무를 하러 가는 길이라던 그분의 소개로 일자리 연계기관인 화성시남부노인복지관을 찾아가게 되었다. 어떤 절차를 밟아야 일자리사업에 참여할 수 있는지 잘 몰랐던 나는 그곳에서 일자리사업에 대한 안내를 받았다. 그러나 모집기간은 벌써 끝났고, 이미 사업이 진행 중이라 대기자 명단에 이름을 올려놓고 집으로 돌아올 수밖에 없었다.

다음날, 뜻밖에도 복지관에서 연락이 왔다. 마침 헬스장에 자리가 생겨 4월부터 근무를 할 수 있다는 것이었다. 내가 참여하게 된 일자리는 복지관 내 이용시설에서 근무하며 이용자 관리, 시설 청결관리를 담당하는 '시설전담도우미사업' 이었다. 내 나이를 잊어버린 채 기쁨과 감사하는 마음으로 동년배 회원들을 위해 일하고 봉사하는 시간이 참으로 보람찼다.

무엇보다 한순간이라도 사랑을 잃지 않고 친절하게 이용자들을 위해 근무하고 봉사할 수 있었던 것은, 자식같고 손자녀같은 복지관 직원들의 진심어린 사랑이 세파에 찌들어 일그러진 내 마음을 사랑으로 승화시켜 준 듯 힘이 되고, 약이 되고, 교훈이 되고, 본보기가 되었기 때문이다.

이번 일자리사업 참여는 나의 여든 인생의 또 다른 시작이었고 즐거움이었다. 앞으로도 내가 가진 열정과 능력을 발휘할 수 있다면 어떤 일이 되었건 새롭게 도전하고 봉사할 것이다.

출처: 화성시남부노인복지관(2010). 만사대전보 3호. p. 25.

1 노인일자리사업의 개념과 정의

노인일자리사업은 노인의 취업지원을 위한 프로그램들을 지칭하는 일반명사가 아니라 그중 보건복지부의 특정 프로그램을 가리키는 고유명사이다.

노인일자리를 단편적으로 생각해 보면 '노인'과 '일자리'가 합성된 단어로 그 뜻을 사전적으로 풀이했을 때 '나이가 들어 늙은 사람'의 '생계를 꾸려 나갈 수 있는 수단으로서의 직업'을 뜻한다. 이와 유사한 개념으로 노인취업, 노인일거리, 노인사회적 일자리, 노인적합형 일자리 등을 살펴볼 수 있다.

노인일자리에 대한 개념을 살펴보면, 양철호(2003)는 만 60세 이상 노인들의 활기찬 노년생활을 보장하고 그들의 경륜을 사회적으로 활용하기 위하여 노동시장의 안과 밖에서 제공되거나 만들어지는 일자리라고 정의하였다.

이와 유사한 개념으로 사회적 일자리는 사회의 발전이나 국민의 삶의 질 향상을 위해 꼭 필요하나 수익성이 낮아 민간시장에서 배제된 일자리로서 교육, 환경, 사회복지, 의료, 지역사회개발 등에서 주로 정부의 예산지원을 통하거나 비영리 조직에 의해 창출되는 일자리를 말하며, 노인적합형 일자리란 일하고자 하는 만 65세 이상 노인들에게 능력과 경륜을 활용한 사회참여 기회를 확대하고, 건강하고 활기찬 삶을 영위할 수 있도록 대부분 공공 또는 민간부문에 의하여 창출 · 제공되는 사회적 일자리를 말한다.

이렇듯 '노인의 일'은 다양한 시각에서 정의할 수 있으며 여기서 논의하고자 하는 '노인일자리사업'의 개념은 다음과 같다.

보건복지부(2004)는 노인일자리사업은 참여노인들의 능력과 성격에 맞고 시간적 연속성과 공간적 실체를 갖는 활동으로, 한 부분에 국한된 활동내용 중심의 일거리와 구분된다고 정의하고 있다. 또한 노인들의 일자리 기회를 마련해 주는 것은 노인 개개인에게 노후의 보충적 소득보장을 통해 경제적 도움을 제공할 뿐 아니라 노인의 삶의 질을 향상시키고, 노인에 대한 가족과 부양 부담을 경감시킬 수 있는 효과가 있다. 특히 이것은 사회참여의 기회가 낮고 사회적 비생산계층으로 사회적 부담을 더 가중시키는 노인들에게 사회적 차원에서의 노인일자리를 제공하는 것을 뜻한다고 정의하였다.

결과적으로 노인일자리사업은 급속히 진행되고 있는 고령사회의 노인문제에 대비하고자 정부, 지방자치단체, 한국노인인력개발원, 민간 사업수행기관이 사업운영 주체가 되어 노동시장에서 소외된 만 65세 이상 노인계층을 위해 노인 특성에 맞는 일자리를 창출·보급하여 소득 창출 및 사회참여 기회를 제공하고, 사회구성원으로의 성취감 고취 및 건강하고 활기찬 노후생활을 보장하기 위한 보건복지부의 '저출산·고령화' 대응 정책이라고 할 수 있다.

2004년부터 시작된 '노인일자리사업'은 당시 많은 주목을 받기 시작하였던 사회적 일자리 개념의 도입과 맥을 같이하여 출발하였다. 다소 야박하게 단순화한다면 노인을 대상으로 진행되는 공공근로 혹은 자활사업의 모습이라 할 수 있다. 노인을 대상으로 제공되는 사회적 일자리는 수익 혹은 고부가가치의 창출이 목적이 되는 것이 아니라 노인의 소외극복과 소득창출, 그리고 근로활동을 통한 사회적 기여에 그 의미가 있다. 사회가 노인의 소외와 빈곤문제를 해결하기 위해 물질적·비물질적 지원을 통해 일자리를 만들고 노인들은 이 사업에 참여하여 한편으로는 자신의 빈곤문제와 소외감을 극복하고, 다른 한편으로는 사회적 취약계층과 지역주민의 삶의 질 향상에 기여하는 새로운 패러다임을 지향하는 것(변재관, 2006)으로 표현되기도 한다.

1990년대 말 경제위기와 그 이후의 장기적 침체, 고용율의 저하였던 위기상황에서 일자리 관련 프로그램이 여러 가지로 도입되었다. 노인일자리사업에 대한 논의와 시작도 여러 관련 프로그램들(고령자 고용촉진사업, 사회적 일자리사업, 사회서비스사업, 자활사업, 공공근로 등)과 복잡한 관계를 형성하며 전개되어 왔다. 사회적 일자리사업 일반에도 노인이 참여할 수 있는 사업내용이 일부 있으나 그 규모는 매우 미미한 수준이다.

노인을 대상으로 특정화한 노인일자리사업은 그 목적과 성격을 일반 취로사업이나 공공근로사업과는 달리 보다 적극적 프로그램으로서 그 가치를 고양시키기 위한 모색이 이루어져 왔다. 노동부 중심의 고령자 고용촉진사업이 60대 노인 특히 65세 이상에 대해서는 거의 사업성과를 거두지 못하고 있다는 점을 감안하면, 공동부업이나 취로사업을 넘어서는 수준으로의 노인일자리사업은 현재 그 고유성을 어느 정도 인정받고 있는 상황이다.

2 노인일자리사업 관련법과 정책

현재 우리나라의 노인일자리사업은 「노인복지법」과 「저출산 · 고령사회기본법」에 근거하여 시행되고 있으며, 이를 기본으로 고령사회 노인의 소득보장을 위한 정책들이 운영되고 있다.

보건복지부 고령사회정책과에서는 저출산 · 고령사회에 대한 성공적 대응으로 활력있는 선진국가로 도약하겠다는 방향을 설정하고, '제2차 저출산 · 고령사회 기본계획: 새로마지플랜 2015' 를 발표하여 분야별 다양한 정책을 진행하고 있다.

비전

- 저출산 고령사회 성공적 대응으로 활력 있는 선진국가로 도약

목표

- 2011~15 점진적 출산율 회복 고령사회 대응체계 확립
- 2016~30 OECD 평균수준 출산율 회복 및 고령사회 효과적 대응

추진과제

- 출산과 양육에 유리한 환경 조성
- 고령사회 삶의 질 향상 기반 구축
- 성장동력 확보 및 분야별 제도 개선

| 그림 2-1 | 새로마지플랜 2015 추진방향

출처: 보건복지부(2011b). 제2차 저출산 · 고령사회 기본계획: 새로마지플랜 2015.

정부는 '고령사회 삶의 질 향상 기반 구축'을 위해 베이비붐 세대 고령화 대응 체계 구축과 안정되고 활기찬 노후생활 보장, 고령친화적 사회환경 조성 등을 주요 정책 과제로 설정했다. 노인의 안정되고 활기찬 노후생활 보장을 위해 일자리사업의 내실화(노인일자리 양적 확충 및 질적 고도화, 일자리사업 체계화)를 주요 정책으로 추진하고 있다.

1) 노인일자리 양적 확충 및 질적 고도화 정책

우리나라 노인일자리사업의 규모는 지속적으로 확대되어 왔으나 노인들의 일자리에 대한 욕구가 커짐에 따라 공급량이 여전히 부족하고, 사업 내용이 대부분 단

순하고 보수수준이 낮은 실정이다. 정부에서는 이러한 한계를 극복하고자 사업 규모를 단계적으로 확대하고 단순 노무에서 벗어나 사회적으로 가치가 높은 사업 아이템 발굴, 사업에 따른 탄력운영으로 급여를 차등지급하는 시범사업을 추진하고 있다.

2) 일자리사업 체계화 정책

노인일자리사업에 대한 관심과 수요가 높아짐에 따라 양질의 일자리 창출·공급이 요구되나 이를 위한 인프라는 취약한 실정이며, 고학력·전문직 은퇴 노인의 경력을 활용하고 숙련된 인력의 사장을 방지하기 위해 '직능·직장 시니어클럽' 육성을 추진 중이나 활성화가 미흡한 상태이다. 효과적인 노인일자리사업 운영을 위해서는 일자리 지원체계 기능의 조정 및 역할강화와 노인일자리 전담기관 구축 및 지원 확대, 직능·직장 시니어클럽 확대 및 제도적 기반을 마련하는 데 보다 더 주력해야 할 필요가 있다.

TIP 노인일자리사업 관련 법령

1) 노인복지법

제1조(목적)

이 법은 노인의 질환을 사전예방 또는 조기발견하고 질환상태에 따른 적절한 치료 · 요양으로 심신의 건강을 유지하고, 노후의 생활안정을 위하여 필요한 조치를 강구함으로써 노인의 보건복지증진에 기여함을 목적으로 한다.

제23조(노인사회참여 지원)

① 국가 또는 지방자치단체는 노인의 사회참여 확대를 위하여 노인의 지역봉사 활동기회를 넓히고 노인에게 적합한 직종의 개발과 그 보급을 위한 시책을 강구하며 근로능력있는 노인에게 일할 기회를 우선적으로 제공하도록 노력하여야 한다.

② 국가 또는 지방자치단체는 노인의 지역봉사 활동 및 취업의 활성화를 기하기 위하여 노인지역봉사기관, 노인취업알선기관 등 노인복지관계기관에 대하여 필요한 지원을 할 수 있다.

제23조의2(노인일자리전담기관의 설치 · 운영 등)

① 노인의 능력과 적성에 맞는 일자리지원사업을 전문적 · 체계적으로 수행하기 위한 전담기관(이하"노인일자리전담기관"이라 한다)은 다음 각 호의 기관으로 한다.

1. 노인인력개발기관: 노인일자리개발 · 보급사업, 조사사업, 교육 · 홍보 및 협력사업, 프로그램인증 · 평가사업 등을 지원하는 기관
2. 노인일자리지원기관: 지역사회 등에서 노인일자리의 개발 · 지원, 창업 · 육성

및 노인에 의한 재화의 생산 · 판매 등을 직접 담당하는 기관

3. 노인취업알선기관: 노인에게 취업 상담 및 정보를 제공하거나 노인일자리를 알선하는 기관

② 국가 또는 지방자치단체는 노인일자리전담기관을 설치 · 운영하거나 그 운영의 전부 또는 일부를 법인 · 단체 등에 위탁할 수 있다. 〈신설 2011. 4. 7.〉

③ 노인일자리전담기관의 설치 · 운영 또는 위탁에 관하여 필요한 사항은 대통령령으로 정한다.

2) 저출산 · 고령사회기본법

제11조(고용과 소득보장)

① 국가 및 지방자치단체는 일할 의욕과 능력이 있는 고령자가 최대한 일할 수 있는 환경을 조성하여야 한다.

② 국가 및 지방자치단체는 연금제도 등 노후소득보장체계를 구축하고 노인에게 적합한 일자리를 창출하는 등 국민이 경제적으로 안정된 노후생활을 할 수 있도록 필요한 조치를 강구하여야 한다.

출처: 보건복지부(2011a). 노인보건복지사업안내.

③ 노인일자리사업 추진체계

노인일자리사업의 추진체계는 보건복지부, 한국노인인력개발원, 한국노인인력개발원 지역본부, 광역자치단체, 지방자치단체, 사업수행기관으로 나누어진다(보건복지부, 2011a).

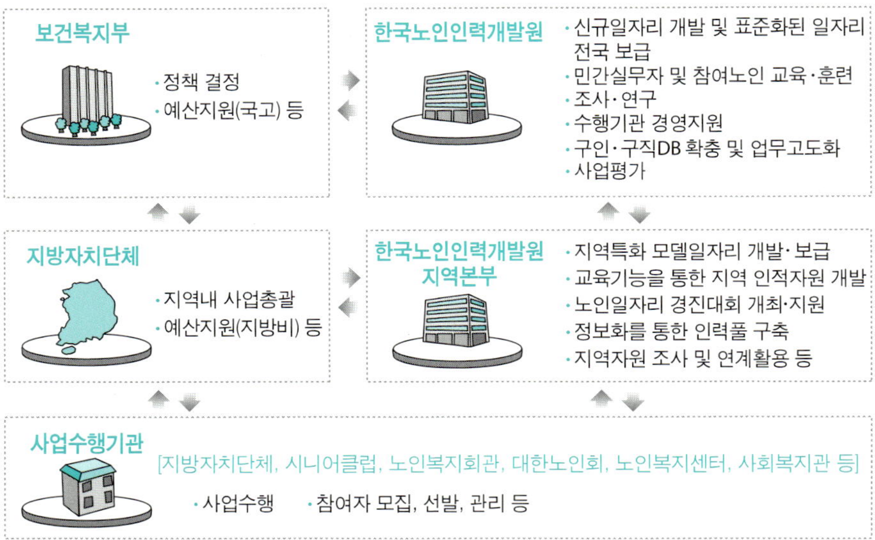

| 그림 2-2 | 노인일자리사업 추진체계

출처: 보건복지부(2011a). 노인보건복지사업안내.

1) 보건복지부

보건복지부는 노인일자리사업에 관련한 법과 제도를 정비하고 정책을 결정하며 종합계획을 수립한다. 뿐만 아니라 예산지원, 대국민 홍보 등 정책 전반을 관장하고 있다.

2) 한국노인인력개발원

노인복지법 내 노인일자리전담기관 설치 근거를 바탕으로 2005년 한국노인인력개발원이 설립되었으며, 현재 전국에 5개 지역본부를 두고 전국의 노인일자리사업을 총괄 지원하고 있다. 중앙본부와 지역본부에서는 신규사업을 개발하고 보급하며 사업의 심사 · 평가, 실무자 및 참여노인의 교육 · 훈련을 지원하고 있다. 뿐만 아니라 사업에 관련한 조사연구 및 데이터베이스(D/B) 업무지원시스템을 구축하는 역할을 하고 있다.

3) 지방자치단체

지방자치단체에서는 지역의 노인일자리사업 추진 계획을 수립하고 사업 전반을 총괄 · 조정 · 심사하며 수행기관에 대한 재정 · 행정을 지원한다. 그 외에 사업 홍보와 사업 모니터링 실시, 지역협의체 구성 · 운영, 발대식과 통합소양교육 진행 등의 역할을 하고 있다.

4) 사업수행기관

사업수행기관은 지방자치단체 노인복지관련부서, 노인복지관, 시니어클럽, 대한노인회 취업지원센터 등이 있으며 사업 계획 · 실행 및 참여자 모집, 등록, 선발, 교육, 홍보, 현장 투입지원과 보수지급, 근무관리, 간담회, 만족도 조사 등의 역할을 실시하고 있다.

4 노인일자리사업의 현황

한국에서 노인일자리사업이 처음 시작된 것은 2004년이다. 참여정부가 들어서고 노인복지가 4대 핵심국정 과제로 대두되면서 사업이 본격화되었다. 이에 따라 보건복지부에서는 연령 및 임금제도 등 시장에서의 노동정책과 노인빈곤 및 부양부담 해결 등 노인복지정책과 연계선상에 있는 노인일자리사업을 체계적이고 전문적으로 추진하고자 국민연금관리공단 내에 노인일자리전담기구인 노인인력운영센터를 개소하여 노인일자리사업을 본격적으로 운영하게 되었다. 현재 중앙정부(보건복지부)와 지방정부가 수행기관에 참여하여 노인의 보수와 부대비용을 지원하여 일자리를 창출하고 있다.

1) 노인일자리사업 운영실적

노인일자리사업의 운영실적은 연도별 계획 목표와 사업 종료 후 실적으로 구분해 볼 수 있다.

우리나라는 사업시행 초기 25,000개의 일자리 창출을 목표로 사업을 운영하였으며 그 결과 35,127개의 일자리를 창출하여 계획대비 1.4배의 실적을 달성하였다. 이는 점차 확대되어 사업 운영 5년만인 2008년에는 3.6배 증가한 126,370개의 일자리를 창출하였다.

2009년 노인일자리사업은 전년대비 1.7배 상승하여 222,616개의 일자리를 창출하였으며 이는 노인일자리사업의 규모가 크게 확대되는 시기였음을 알 수 있다. 그 후 규모를 소폭 줄여 2011년 8월 현재 215,922개의 일자리 창출 실적을 만들어 냈다.

| 표 2-1 | 노인일자리사업 창출목표 및 실적 (단위: 개, %)

구분	2004	2005	2006	2007	2008	2009	2010	2011
목표	25,000	35,000	80,000	110,000	117,000	196,000	189,183	217,012
실적	35,127	47,309	83,038	115,646	126,370	222,616	216,441	215,922
비율	140	135	103	105	108	113	114	99.5

출처: 한국노인인력개발원(2011a). 2010 노인일자리통계동향.

* 2011년 수치는 한국노인인력개발원 홈페이지 참고

2) 노인일자리사업 운영예산

노인일자리사업의 운영예산은 연도별 전체예산과 국비로 구분해 볼 수 있다. 현재 노인일자리사업비는 사업수행기관별로 50%의 국비와 25%의 도비, 25%의 시비로 운영되고 있으며, 서울시는 예외적으로 국비를 30% 적용받고 있다.

우리나라는 사업시행 초기 13,893백만 원의 국비를 포함하여 전체 29,238백만 원의 예산이 투입되어 운영되었으며, 사업의 규모가 점차 확대되어 사업운영 5년만인 2008년에는 국비가 5.6배 증가한 78,259백만 원, 전체예산은 6.1배 증가한 177,854백만 원의 예산이 투입되었다. 2009년에는 대대적으로 노인일자리사업의 규모가 확대되어 전년대비 1.8배 증가하여 전체 323,679백만 원의 예산이 투입되었으며 그 후 소폭 감소하였다가 다시 증가하고 있는 추세이다.

| 표 2-2 | 노인일자리사업 재정투입 (단위: 백만 원)

구분	2004	2005	2006	2007	2008	2009	2010	2011
전체	29,238	40,764	108,667	158,970	177,854	323,679	309,402	314,002
국비	13,893	19,214	51,184	75,275	78,259	132,115	128,315	133,768

출처: 한국노인인력개발원(2011a). 2010 노인일자리통계동향.

* 2011년 수치는 한국노인인력개발원 홈페이지 참고

3) 노인일자리사업 수행기관

노인일자리사업 수행기관은 중앙정부 및 지방자치단체에 등록된 비영리단체 또는 기관으로, 수행기관지정신청서 및 사업계획서를 제출한 기관 중에서 사업 수행 능력을 고려하여 지방자치단체에서 결정할 수 있다.

지방자치단체, 노인복지관, 시니어클럽, 실버인력뱅크, 노인복지센터, 대한노인회, 사회복지관, 지역 NGO 등이 수행기관으로 참여할 수 있으며, 운영규모와 실적은 지방자치단체가 가장 높은 것으로 나타나고 있다.

우리나라는 사업시행 초기 지방자치단체와 노인복지관, 노인인력기관 등 민간기관을 중심으로 336개의 수행기관을 지정하여 사업을 시작하였으며, 사업 규모가 점차 확대됨에 따라 수행기관 수도 3.6배 증가하여 2011년 현재 전국 1,206개의 수행기관이 참여하여 노인일자리사업을 운영하고 있다.

| 표 2-3 | 노인일자리사업 수행기관 수 (단위: 개)

구분	2004	2005	2006	2007	2008	2009	2010	2011
수행기관 수	336	416	713	915	976	1,115	1,136	1,206

출처: 한국노인인력개발원(2011a). 2010 노인일자리통계동향.

* 2011년 수치는 한국노인인력개발원 홈페이지 참고

TIP 화성시남부노인복지관의 노인일자리사업 수행기관의 이해

화성시남부노인복지관에는 3개의 노인일자리사업 수행기관이 있다.

1. 노인복지관

노인복지관은 노인의 교양, 취미생활 및 사회참여활동 등에 대한 각종 정보와 서비스를 제공하고 건강증진 및 질병예방과 소득보장, 재가복지, 그밖에 노인복지 증진에 필요한 종합적인 노인복지서비스를 제공하는 시설로, 활동적인 노후를 위한 사회참여 여건 조성 및 활성화와 안정적 노후를 위한 소득보장의 다양화 · 내실화를 통해 성공적인 노후가 실현될 수 있도록 지원하는 전달기구다. 노인계층의 변화에 대비하여 베이비붐 세대를 대상으로 하는 은퇴준비 프로그램에 대한 사회참여 및 취업 등의 특화 프로그램을 개발하고 운영해야 한다(한국노인인력개발원, 2011d).

2. 시니어클럽

시니어클럽은 지역사회 내에서 일정한 시설과 전문인력을 갖추고 지역의 자원을 활용하여 노인의 사회적 경험과 지식을 활용할 수 있는 다양한 일자리를 창출하고 제공하는 노인일자리전담기관이다(권중돈, 2008). 이러한 시니어클럽의 특성을 간략하게 정리하면 다음과 같다.

① 노인이 사업의 주체가 되는 역할체계 구성

② 스스로 취업수요와 일자리를 창출하는 지속적 지원체계 마련

③ 기존 노인대상 국고보조사업과의 차별성

④ 문제의식과 자발성을 갖춘 사업 전개

⑤ 노인의 일자리 창출 및 노인에 대한 사회적 인식 제고

3. 실버인력뱅크

실버인력뱅크는 급속한 고령화와 노동시장의 변화 등 새로운 환경에 대응하기 위하여 경륜과 경험을 지니신 노인들의 적성과 욕구에 맞는 지역 자원봉사, 소득창출 등 노인들의 사회활동 참여를 지원하기 위한 '통합서비스' 전담기관이다. 실버인력뱅크는 노인들에게 일자리와 자원봉사 프로그램을 통해 여가활동 및 자기실현의 기회를 제공하고 노인들에 대한 지역사회 인식전환, 교육을 통한 전문성 확보, 지역특성에 맞는 자원봉사, 일자리사업, 취업연계 등 프로그램개발, 소득창출과 연계하여 생산적인 경제활동의 기회를 마련하는 것을 목적으로 한다. 보다 자세한 내용은 제3장을 참고하기 바란다.

4) 노인일자리사업 사업단

노인일자리사업에서 사업단은 각 수행기관별로 운영하고 있는 일자리 프로그램 유형을 의미한다. 사업 초기 336개의 수행기관에서 750개의 사업단을 운영하여 1개 수행기관 당 2.2개의 노인일자리사업 사업단을 운영하였으며, 이는 사업이 점차 다양해지면서 2011년 현재는 사업 초기보다 14.9배 증가한 5,005개의 사업단, 1개 수행기관 당 평균 4.1개의 사업단을 운영하고 있다.

| 표 2-4 | 노인일자리사업 사업단 수 (단위: 개)

구분	2004	2005	2006	2007	2008	2009	2010	2011
사업단 수	750	946	1,856	2,547	3,009	4,343	4,441	5,005

출처: 한국노인인력개발원(2011a). 2010 노인일자리통계동향.

* 2011년 수치는 한국노인인력개발원 홈페이지 참고

5) 노인일자리사업 유형별 실적

노인일자리사업은 사업 초기 공공참여형, 사회참여형(공익강사형, 인력파견형), 시장참여형(시장형) 3개 유형으로 시작되었다. 이는 사업성격에 따라 분리 · 추가되어 2011년 현재 공익형, 교육형, 복지형, 시장형, 인력파견형, 창업모델형, 6개 유형으로 분화되어 운영되고 있다. 사업유형별로는 공익형 일자리사업이 창출목표 대비 가장 높은 실적을 나타내고 있으며, 사업 초기 대비 2011년 현재 복지형 사업이 9.8배로 가장 높은 증가율을 나타났으며 그 다음으로 시장형 사업이 7배, 공익형 사업이 6.1배 증가하였다.

| 표 2-5 | 노인일자리 창출목표 및 실적 (단위: 개)

<table>
<tr><th colspan="2">구분</th><th>2004</th><th>2005</th><th>2006</th><th>2007</th><th>2008</th><th>2009</th><th>2010</th><th>2011</th></tr>
<tr><td colspan="2">창출목표</td><td>25,000</td><td>35,000</td><td>80,000</td><td>110,000</td><td>117,000</td><td>196,000</td><td>189,183</td><td>217,012</td></tr>
<tr><td rowspan="7">창출실적</td><td>전체</td><td>35,127</td><td>47,309</td><td>83,038</td><td>115,646</td><td>126,370</td><td>222,616</td><td>216,441</td><td>215,922</td></tr>
<tr><td>공익형</td><td>28,373</td><td>31,101</td><td>47,195</td><td>57,015</td><td>61,732</td><td>134,975</td><td>126,894</td><td>129,368</td></tr>
<tr><td>교육형</td><td>3,800</td><td>7,063</td><td>8,708</td><td>13,240</td><td>14,493</td><td>16,523</td><td>17,480</td><td>19,967</td></tr>
<tr><td>복지형</td><td>–</td><td>4,581</td><td>17,809</td><td>33,160</td><td>34,164</td><td>44,299</td><td>47,302</td><td>45,027</td></tr>
<tr><td>시장형</td><td>1,748</td><td>3,633</td><td>7,459</td><td>9,378</td><td rowspan="2">11,530</td><td>17,141</td><td>15,373</td><td>12,280</td></tr>
<tr><td>창업모델형</td><td>–</td><td>–</td><td>–</td><td>252</td><td>616</td><td>611</td><td>580</td></tr>
<tr><td>인력파견형</td><td>1,206</td><td>931</td><td>1,867</td><td>2,601</td><td>4,451</td><td>9,061</td><td>8,781</td><td>10,024</td></tr>
</table>

출처: 한국노인인력개발원(2011a). 2010 노인일자리통계동향.

* 2011년 수치는 한국노인인력개발원 홈페이지 참고

TIP 노인일자리사업 유형

노인일자리사업은 사업성격에 따라 공공 분야(공익형, 교육형, 복지형)와 민간 분야(시장형, 인력파견형, 창업모델형)로 분류할 수 있으며 그 유형별 특성은 다음과 같다.

1. 공익형

공공서비스 향상을 목적으로 업무영역(환경, 자원재활용, 아동보호 등) 및 지역사회 현안 문제해결 등을 위해 창출한 일자리로서, 공공의 이익에 부합하고 사회적으로 유용성이 강한 일자리이다.

2. 교육형

경험과 교육을 통해 습득한 지식을 가진 노인이 다양한 계층을 대상으로 자신의 경륜과 지식을 전달함으로써 세대 간 문화전승의 효과를 살리고 교육대상자의 능력을 향상시키는 일자리이다.

3. 복지형

사회 · 경제 · 문화적 소외계층을 대상으로 제공되는 사회서비스 중 노인적합형 일자리를 창출 · 제공하여 사회서비스 확대를 도모하고 서비스이용자의 사회적응 및 안정적 생활을 유지할 수 있도록 지원하는 일자리이다.

4. 시장형

노인에게 적합한 업종 중 소규모 창업 및 전문직종 사업단을 공동으로 운영하여 창출되는 일자리로서, 일정기간 사업비 또는 참여자 인건비를 일부 보충지원하고 추가 사업소득으로 연중 운영하는 일자리이다.

5. 인력파견형

수요처의 요구에 의해서 일정 교육을 수료하거나 관련된 업무능력이 있는 자를 해당수요처로 파견하여 근무기간에 대한 일정 보수를 지급받을 수 있는 일자리이다.

6. 창업모델형

창업을 할 수 있도록 초기투자비를 지원하여 사업소득을 통해 자립하여 운영할 수 있도록 지원하는 일자리이다.

5 미국과 일본의 노인일자리사업 및 정책

평균수명 증가와 출산율 감소에 따른 고령화는 우리나라 뿐만 아니라 세계적인 이슈로 대두되고 있다. 이에 우리나라에서 가장 유용하게 참고할 만하다고 판단된 미국과 일본에서는 노인들의 취업을 촉진하기 위해 어떻게 노력하고 있는지를 국가차원에서의 법과 제도적 노력, 민간단체를 통한 취업지원 프로그램 운영 등을 중심으로 간략하게 정리하고자 한다.

1) 미국

미국은 1950년대 노인인구가 7%를 넘어 1980년에 11.3%, 1990년에 12.6%, 2000년에 12.8%에 도달하였으며, 베이비붐 세대가 노인인구에 포함되는 2011년과 2030년 사이에는 20%를 넘어설 것으로 예상하고 있다. 이에 미국에서는 정부와 민간차원에서 다양한 노인일자리 정책과 사업을 운영하고 있다.

(1) 고령자 고용지원법과 정책

미국에서는 1933년 와그너 페이셔법(Wagner-Peyser Act)을 제정하여 노인의 고용상담 배치에 관한 서비스를 제공하기 시작하였고, 1938년에는 국가자원위원회(NRC: National Resource Committee)를 만들어 노인의 근로보장을 요구하고 조기은퇴를 억제하였다. 1962년에는 노인을 위한 직업재교육제도를 내용으로 한 인력개발 및 훈련법(The Manpower Development and Training Act)을 제정하여 노인의 재취업을 실시하였다(진광식, 2011 재인용).

1965년 제정된 노인법(The American Act)은 고령자들이 퇴직 후에도 소득보장과 고용기회를 보장받을 수 있도록 제도적 기반을 마련하는 근거가 되었다. 1967년에는 고령자 고용차별을 금지하고자 연령차별금지법(Age Discrimination in Employment Act)을 제정하였다.

(2) 고령자 고용지원 프로그램

미국의 보건후생부(HHS)에서는 노인 고용과 관련하여 정책 전반을 관장하는 노인청(AOA)를 설립하여 다양한 프로그램을 지원하고 있다. 대표적인 고용지원 프로그램인 고령자 지역사회서비스 고용 프로그램(SCSEP: Senior Community Service

Employment Program)은 1978년 노인법 개정과 함께 설립되었으며, 저소득층의 실업노인들에 대한 교육을 통해 경제적 능력을 함양하고 노인에 대한 부정적 인식을 제고하여 고용의 기회를 높이기 위하여 만들어졌다.

1971년 설립된 SASC(Service Agency for Senior Citizens)는 민간차원의 고용지원 프로그램으로 노인뿐만 아니라 고령 노동자와 자원봉사자들을 통해서 비영리, 공공기관에 유용한 자원을 제공하는 프로그램을 실행하고 있다(고재욱, 2008).

이 외에도 노동부가 재정을 지원하고 고령자복지협의회에서 주관하는 복지관리 프로그램(Green Thumb Program), 미국은퇴자협회(AARP)의 '50세 이상 근로자를 위한 좋은 기업/기관 선정(Best Employers for Workers over 50)' 프로그램과 '국제혁신기업/기관 상(International Innovative Employers Awards)' 프로그램 등 정부와 민간 차원에서 다양한 프로그램들이 운영되고 있다.

2) 일본

고령화가 급속히 진행되고 있는 일본은 1985년에 노인인구 수가 10%를 넘어 2011년 현재 22.9%에 도달했으며, 2013년에는 25%를 넘어설 것으로 예상하고 있다. 일본의 후생노동성 직업안정국 고령자고용대책과에서는 '고령자고용안정법'을 근거로 고령자가 안정된 삶을 영위하기 위한 고령자 고용 및 정년 등 고령자고용안정 정책을 운영하고 있다.

후생노동성에서는 고령자가 의욕과 능력이 있는 한 연령에 관계없이 일할 수 있는 사회를 실현하고자 고령 · 장애자고용지원기구와 실버인재센터 등을 중심으로 고령자고용정책을 추진하고 있다.

(1) 고령 · 장애자고용지원기구

고령 · 장애자고용지원기구는 1971년 사단법인 장애자고용촉진협회로 설립되어 1979년 재단법인 고연령자고용개발협회, 2003년 독립행정법인 고령 · 장애자고용지원기구로 설립되었다.

고령 · 장애자고용지원기구에서는 정년연장 장려금과 고연령자 공동취업기회 창출 조성금 지급사업과 70세까지 일하는 기업 실현을 위한 고령자 고용에 관한 사업주의 지원사업 뿐만 아니라 홍보활동사업과 고령자고용개발 활동, 직장생활설계에 관한 중 · 고령자 지원 등의 사업을 진행하고 있다(조남범, 2011).

(2) 전국실버인재센터

전국실버인재센터는 1975년 동경에서 고령자사업단 설립을 시작으로 1986년 실버인재센터가 법제화되어 운영되고 있는 직업알선기구이다.

전국실버인재센터는 공공기관이나 민간으로부터 일자리를 받아서 고령자에게 연계하는 직업알선기구라고 할 수 있으며, 임시 · 단기적이고 손쉬운 소일거리 형식의 일자리 지원으로 고령자가 생활하고 있는 지역을 단위로 연대하여 함께 일하는 것을 목적으로 운영되고 있다. 이는 기술 분야, 기능 분야, 업무 분야, 관리 분야 등 7개 분야에 다양한 직종의 일자리를 제공하고 있다.

제3장

노인일자리사업의 실제

1_ 노인일자리사업의 운영
2_ 화성시남부노인복지관과 부설 기관의 노인일자리사업 사례
3_ 실버카페 커피앤 만들기
4_ 커피앤의 실제 활동 모습

쉬어가기

함께 만들어 가는 또 다른 추억의 시간!

강준재_1-3세대 공익강사 노인일자리 참여자, 70세

화성시남부노인복지관과 인연을 맺은지 벌써 2년이 되었다. 인자하신 관장님과 여러 선생님들의 활기찬 노력에 힘입어 우리 부부가 1-3세대 공익강사로 활동하게 됨을 기쁘게 생각하며 항상 열심히 활동하고 있다.

우리 부부는 어린이집에 파견되어 주 2~3회 아이들을 위한 전통놀이 특강을 진행하고 있다. 마치 봄에 피어나는 파릇파릇한 새싹 같은, 알에서 갓 깨어난 노오란 병아리 같은 아이들 4세, 5세, 6세와 시간을 같이하다 보면 그들의 정과 기를 받아 우리 또한 젊어지는 기분이다.

아이들과 함께 수업을 하면서 예전엔 미처 알지 못했던 아동심리에 대해 공부하고, 경험하게 되었고, 아이들의 특성에 따라 밝고 명랑한 할아버지 선생님의 모습, 조용하고 부드러운 할머니 선생님의 모습으로 다가가 따뜻하게 안아주기도 하며 1-3세대 강사로서 내 스스로 많은 발전을 하게 되었다. 화려한 장난감, 다양한 영상매체가 아닌, 50~60년 전 우리네 어렸을 적 그리도 재미나게 뛰어 놀았던 그 기억들을 꺼내어 아이들과 함께 공유하는 그 시간이 아이들에게는 우리 전통을 이해하는 유익하고 즐거운 시간, 우리 부부에게는 노년의 사회활동을 공유하며 함께 만들어 가는 또 다른 추억의 시간이 된다.

수업이 종료되면 우리의 목과 다리를 붙잡고 안녕을 아쉬워하는 아이들, 2년간 우리와 함께한 아이들 중에는 정조 임금님처럼 훌륭한 대한의 지도자가 숨어 있을 것 같다는 생각을 하며 앞으로도 아이들을 위해, 그리고 우리 부부를 위해 끊임없이 공부하고 발전하는 강사가 되고 싶다.

출처: 화성시남부노인복지관(2010). 만사대전보 3호. p. 25.

제3장에서는 노인일자리사업이 구체적으로 어떻게 수행되는지를 정리하였다. 보건복지부에서 제시한 일반적인 노인일자리사업 운영의 절차와 방식에 따라 화성시남부노인복지관과 부설 화성시니어클럽 및 화성실버인력뱅크, 그리고 노인일자리사업 수행기관 등에서 실시하는 노인일자리사업의 실제를 화성시의 사례를 중심으로 설명하고자 한다.

1 노인일자리사업의 운영

1) 사업계획 수립

사업계획 수립은 노인일자리사업과 관련한 기초자료들을 바탕으로 기관 내부회의를 거쳐 사업방향과 사업량(사업단 개수 및 예산 등)을 1차 계획하고, 화성시 노인일자리사업 7개 수행기관이 회의를 통해 기관별 사업방향 조정 및 사업량을 최종 결정한다. 사업방향과 사업량이 결정되면 한국노인인력개발원에서 제시한 양식에 맞춰 사업계획서를 작성하여 등록하고 사업승인을 받는다. 세부 수행사항은 다음과 같다.

- □ 사업방향과 사업량이 결정되면 일자리사업 참여신청서(수행기관용)를 작성하여 관할 시 · 군 · 구에 발송하고 지자체와 기관 간 노인일자리사업 위탁협약을 맺는다.
- □ 매월 실시하는 실적보고서와 분기별 결과보고서, 반기별 결과보고서, 자체사업평가회 등 일자리사업 운영에 관련한 자료들은 차년도 사업계획에 중요한

자료로 활용된다.

2) 사업홍보

사업계획이 수립되고 화성시와 경기도, 한국노인인력개발원의 사업승인이 완료되면 본격적으로 수요처와 참여자 모집을 위한 사업홍보를 실시한다. 화성시 사회위생과에서는 화성시의 7개 각 수행기관별로 사업개요를 취합하여 일정기간 동안 화성시청과 각 읍 · 면 · 동에 사업을 홍보해 준다. 단순한 사업홍보가 아닌 일자리 참여 신청방법과 구비서류, 서류 접수장소 등을 상세히 공지하여 참여자들의 이해를 돕는다.

화성시남부노인복지관의 경우, 복지관과 화성실버인력뱅크, 시니어클럽이 함께 있기 때문에 공동으로 홍보계획서를 작성하고 업무를 분담하여 홍보를 진행하게 된다. 주요 홍보방법으로는 관내 주요지점에 현수막과 공고문 부착, 홈페이지 게재, 생활정보지를 통한 지면 홍보를 실시하는 것을 들 수 있다. 홍보방법 중 하나인 '생활정보지 활용하기' 를 좀 더 상세하게 살펴보면 다음과 같다.

TIP 생활정보지 활용하기

1. 각 시청 홈페이지에 생활정보 '무료게재' 란을 활용해 보자.
2. 생활정보지의 담당자와 협의하여 간단한 내용을 기록하여 발송하면 최소 1주일 이상 무료로 홍보를 실시할 수 있다.
3. 사업내용을 모두 담을 수는 없지만 '노인일자리사업 참여자 모집' 이라는 제목과 함께 모집기관명과 담당자 연락처를 게시할 수 있어 유선상담을 유도할 수 있다.

3) 참여자 접수 및 선발

화성시의 노인일자리사업 수행기관은 회의를 통해 참여자 신청서 접수 일정을 결정하고 7개 기관에서 동시에 접수를 진행한다. 화성시남부노인복지관과 화성실버인력뱅크, 화성시니어클럽은 공동으로 참여자 모집계획서를 작성하고 업무를 분담하여 참여자 모집을 실시한다.

화성시남부노인복지관의 경우 신청서 작성대를 설치하여 자원봉사자의 도움을 받아 개별적으로 신청서를 작성할 수 있도록 하고, 신청서 작성이 완료되면 번호표를 뽑아 대기하도록 하여 혼잡을 예방한다. 담당자들은 접수대에서 작성된 신청서 내용을 확인하고 간단한 면담을 실시한 후 구비서류와 함께 신청서를 접수받는다.

이때, 화성시남부노인복지관과 부설 기관 등 총 3개 기관의 담당자들은 본인이 담당한 사업뿐만 아니라 3개 기관 모두의 사업내용을 구체적으로 숙지하여 신청자에게 안내할 수 있어야 하며, 각 담당자들은 본인이 신청면담을 하지 않았어도 신청자에 대해 알 수 있도록 면담내용을 꼼꼼히 기록하여 2차 면담에 어려움이 없도록 해야 한다.

이렇게 접수된 신청서는 신청 사업단에 맞춰 분류하고 2차 면담을 실시한다. 참여신청서와 면담 결과를 바탕으로 사업단별 선발 기준표에 의거하여 참여자를 선발하고 참여자의 직무능력 검증이 필요할 시 면접을 통해 참여자를 선발할 수 있도록 한다. 한편 선발되지 않은 신청자는 해당 사업의 대기자로 관리하여 선발된 참여자의 활동 중도 포기 시 우선순위로 사업 참여기회를 제공한다. 접수 및 선발에 관한 유용한 방법은 다음과 같다.

(1) 기초생활보장 수급자 및 노령연금 수급자 확인하기

신청접수가 완료된 후 신청자의 기본정보를 목록화하여 관할부서(화성시청 사회위생과)에 발송하면 기초생활보장 수급자 여부와 노령연금 수급자 여부를 알 수 있다. 이는 사업 참여자 선발에 중요한 기초자료이므로 관할부서의 협조를 얻어 확인하여야 한다.

(2) 선발 기준표 활용하기

한국노인인력개발원에서 제시한 유형별 선발 기준표를 기본으로 하되 각 사업단의 특성에 맞춰 항목을 추가하거나 배점을 조정할 수 있다. 선발 기준표는 참여신청자들의 선발 여부에 중요한 지침이 되므로 각 사업단 특성에 맞춰 객관적으로 작성해야 한다.

(3) 대기자 관리하기

한국노인인력개발원 새누리 시스템에 대기자를 등록하여 참여자의 중도 포기 시 바로 대기자의 정보를 한눈에 파악할 수 있도록 해야 한다.

특히, 노인일자리사업 평가항목 중 대기자 관리부분이 평가에 포함되어 있어 놓치지 말아야 할 부분이다.

노인일자리 참여신청서(참여노인용)

※ 사업참여 신청자 직접 작성

접수번호	

<table>
<tr><td rowspan="5">사진</td><td rowspan="3">성명</td><td rowspan="3"></td><td rowspan="3">전화번호</td><td>자택</td><td></td></tr>
<tr><td>휴대폰</td><td></td></tr>
<tr><td>가족연락처</td><td></td></tr>
<tr><td>주민등록번호</td><td colspan="4">(만 세)</td></tr>
<tr><td>주소</td><td colspan="4"></td></tr>
<tr><td>최종학력</td><td colspan="5">□ 무학 □초졸 □ 중졸 □ 고졸 □ 전문대졸 □ 대졸 이상</td></tr>
<tr><td>세대구성 형태</td><td colspan="5">□ 독신 □ 가족동거(노부모, 손자녀, 장애인 등 경제무능력자) □ 노인부부
□ 가족동거(경제적 능력이 있는 가족과 동거) □ 기타</td></tr>
<tr><td>동거가족</td><td colspan="5">□ 명 (배우자: , 자녀: , 손:)</td></tr>
<tr><td>일자리사업 참여경력</td><td colspan="5">□ 금년도 신규참여 □ 2010년 □ 2009년 □ 2008년 □ 2007년</td></tr>
<tr><td>기초생활수급권자 해당유무</td><td colspan="5">□ 해당 □ 비해당 (의료급여 수급권자 2종 포함)</td></tr>
<tr><td>경제정도</td><td colspan="5">□ 매우 좋음 □ 좋음 □ 보통 □ 나쁨 □ 매우 나쁨</td></tr>
<tr><td>주거형태</td><td colspan="5">□ 자택 □ 전세 □ 월세 □ 기타</td></tr>
<tr><td>건강상태</td><td colspan="5">□ 매우 건강 □ 건강 □ 보통 □ 나쁨 □ 매우 나쁨</td></tr>
<tr><td>만성질환 및 질병유무</td><td colspan="5">없음, 관절염, 당뇨, 고혈압, 협심증, 심근경색, 천식, 결핵, 기관지염, 간염, 신부전증, 갑상선질환, 치매, 뇌졸중, 암, 기타( )</td></tr>
<tr><td>참여희망사업</td><td colspan="2">①</td><td colspan="2">②</td><td>③</td></tr>
<tr><td>신청동기</td><td colspan="5">□ 경제적 도움 □ 자기발전 □ 사회참여 □ 시간활용 □ 건강증진
□ 기타</td></tr>
<tr><td>전년도사업 자원봉사참여 유무</td><td colspan="2">□ 유 □ 무</td><td colspan="2">건강보험 직장가입자 해당유무</td><td>□ 해당
□ 비해당
(지역가입자 및 피부양자)</td></tr>
</table>

<table>
<tr><td>기초노령연금 수급유무</td><td colspan="3">□ 유(기초노령연금액 만 원) □ 무</td></tr>
<tr><td rowspan="2">외부교육 이수사항</td><td>교육과정명</td><td>교육기간</td><td>교육시행기관</td></tr>
<tr><td></td><td></td><td></td></tr>
<tr><td rowspan="2">경력사항</td><td>직장명</td><td>근무기간</td><td>담당업무</td></tr>
<tr><td></td><td></td><td></td></tr>
<tr><td rowspan="2">자격증 및 면허증</td><td>자격증</td><td>취득기관</td><td>취득년도</td></tr>
<tr><td></td><td></td><td></td></tr>
<tr><td colspan="4">위와 같이 노인일자리사업에 참여하고자 신청하며, 기재사항은 사실과 다름없음을 확인합니다.
년 월 일
신청인 성명 (서명 또는 인)
(사업수행기관장) 귀하</td></tr>
<tr><td>상담자 종합의견</td><td colspan="3"></td></tr>
<tr><td colspan="4">년 월 일
상담자 성명 (서명 또는 인)</td></tr>
<tr><td colspan="4">〈민간분야 취업희망정보 〉 희망자에 한해 작성합니다</td></tr>
<tr><td>희망직업명</td><td colspan="2">① ② ③</td><td>분류코드</td></tr>
<tr><td>희망근로형태</td><td colspan="3">□ 주 5일 □ 주 3~4일 □ 주 3일 미만 / □ 격일제 □ 시간제</td></tr>
<tr><td>희망보수</td><td colspan="3">월 만 원</td></tr>
</table>

출처: 한국노인인력개발원(2011d). 노인일자리사업 지침.

노인일자리 참여자 선발 기준표(시장형)

항목번호	고려요소	배점항목	배점	득점	비고
합계			100		
가	관련 외부교육 이수 여부	관련 외부교육 이수	10		
		해당 없음	0		
나	경력	관련 유사자격증 소지자	30		
		관련분야 종사 경험자	20		
		해당 없음	0		
다	세대주	단독세대	10		
		노인부부세대	0		
		가족동거	-10		
라	노인일자리 참여경력	전년도 신청 후 탈락 및 대기	20		
		금년도 신규신청	10		
		전년도 사업 참여	0		
		전년도 포함 2년 이상 참여	-10		
마	상담의견	사업 참여 적극성	10		
		희망분야 수행 능력	10		
		건강상태	10		

출처: 한국노인인력개발원(2011d). 노인일자리사업 지침.

4) 수요처 모집 및 연계

각 사업단의 참여자가 활동할 수요처를 모집하기 위해서는 지역의 수요처 조사가 선행되어야 한다. 초등학교 급식도우미, 스쿨존안전지킴이사업 진행을 위한 지역 내 초등학교 현황, 1-3세대 연계사업 진행을 위한 어린이집 현황, '노(老)-노(老)' 강사 파견사업 진행을 위한 경로당, 노인대학 외 노인교육 프로그램 운영시설 현황 등을 파악하는 일 등이다.

화성시남부노인복지관에서는 수요처에 사업 참여신청서를 발송한다. 사업 목적과 사업개요, 지원될 내용과 관리방법, 사업 종료 후 자원봉사 활동 유도 및 자체고용을 요청하는 내용을 포함하고 수요처의 기관명, 담당자와 추가적인 지원요청사항 등을 작성하여 회신할 수 있도록 하고 있다. 그리고는 회신된 참여신청서를 취합하여 기관의 규모와 활동 환경을 분석한 뒤 수요처를 최종선발하고 참여자와 연계하고 있다. 수요처와의 연계가 완료되면 참여자의 기본인적사항을 통보하여 참여자의 활동을 관리할 수 있도록 하고 있으며, 참여자에게는 활동할 수요처의 위치와 담당자 등 기본정보를 제공하고 있다. 수요처 개발에 도움이 될 만한 내용을 간략히 소개하면 다음과 같다.

(1) 지역의 수요처 조사

관할지역 내 교육청, 보육정보센터, 시청 홈페이지 등을 이용하거나 검색이 어려운 경우 관할 시 · 군 · 구의 콜센터에 문의하면 정보를 얻을 수 있다.

(2) 수요처가 관공서인 경우(학교 등)

참여신청서를 발송할 때 관할 부서(화성시청 사회위생과)의 협조를 얻어 전자문서로 일괄 발송할 수 있다.

사할린 동포 한글교육 수요자 참여 조사

화성시남부노인복지관에서는 노인일자리사업의 일환으로 사할린 영주귀국 동포 한글교육 강사 파견사업을 실시하고자 합니다.

- **사업 목적:** 사할린 영주귀국 동포들에게 방문 한글교육을 실시하여 사할린 동포의 언어적 문제 해결을 도모한다.

- **사업 개요**
  - 역량 있는 노인들을 선발하여 전문교육을 실시
  - 주공 7단지 내 사할린 동포를 대상으로 수요 조사를 실시하고 1:1 연계
  - 약속된 시간에 방문하여 사할린 동포를 대상으로 한글교육 실시
  - 담당자는 노인의 활동내용을 확인하고 월 1회 급여 지급

- **수요처 참여 조사**

  1) 귀하는 본 복지관의 한글교육 강사 파견사업에 신청하실 의향이 있으십니까?

  ① 예　　　　② 아니오

  2) 참여를 원하신다면 요일과 시간을 작성해 주십시오.

  주　　회,　　요일,　　시부터 ~　　시까지

- **수요자 성　명:**

  주　소:

  전화번호:

- **기타 문의 사항:** 화성시남부노인복지관 노인일자리사업 담당 ○○○

  전화번호: 031) 366-5678

  팩스번호: 031) 8059-0086

출처: 화성시남부노인복지관 내부자료(2011).

5) 노인일자리사업 발대식

노인일자리사업 발대식은 수행기관에서 단독으로 진행할 수도 있고 관내 수행기관이 협의하여 연합으로 진행할 수도 있다. 2009년의 경우 화성남부노인복지관과 화성실버인력뱅크가 연합하여 발대식을 진행하였으며, 2010년 이후 관할부서(화성시청 사회위생과)의 주관으로 관내 수행기관이 모두 참여하여 연합발대식을 진행하였다. 식전공연과 전년도 사업참여자에 대한 시상, 당해 사업운영 방향과 각 사업단에 대한 소개 등의 내용을 포함하여 진행하고 있다.

▲ 2011년 화성시 노인일자리사업 발대식

6) 근로조건합의서 작성

근로조건합의서는 한국노인인력개발원에서 제시한 틀을 기본으로 하되 사업단의 특성에 따라 내용을 수정, 추가하여 기관 내 승인을 받는다. 참여사업명, 근무시간, 근무지, 근무조건과 급여지급과 관련한 내용을 포함하며 사업운영 시 지켜야 할 규정사항을 포함한다. 선발된 참여자는 사업수행기관과 근로조건합의서를 작성하여 날인한 후 각 1부씩 보관한다. 근로조건합의서를 작성하고 비치할 때, 참고할 만한 내용을 소개하면 다음과 같다.

TIP 근로조건합의서의 작성 및 비치

노인일자리사업을 운영하다 보면 참여자가 활동규칙을 지키지 않거나 사업운영을 저해하는 경우가 발생한다. 이와 관련된 내용들을 근로조건합의서에 반영하여 작성해 두면 참여자가 상호 합의된 내용이 지켜지지 않을 시 타당한 근거로 사용할 수 있다.

[서식 1-10호]

노인일자리사업 참여조건 합의서

화성시니어클럽 관장 ________ 와 참여노인 ________ 간에 다음과 같이 사업 참여계약을 체결하고 이를 성실히 지킬 것을 서로 약정하며 당사자가 각각 1통씩 보관한다.

1. 계약일자: 년 월 일
2. 계약기간: 년 월 일 부터 년 월 일 까지
3. 보수
   - 보수는 매월 해당 근무일 만근 시 기본급 (원)과 월 수입금을 정산하여 지급한다.
   - 보수는 매월 ( ) 일에 본인이 지정한 아래 예금계좌로 입금한다.
   (예금주명: 금융기관: 계좌번호:)
4. 근무 장소:
5. 주요담당업무:
6. 기타의 근무조건은 다음과 같다.
   가. 노인일자리사업 이중 참여 확인 시 1개 기관 사업 참여분에 한해 보수 지급한다.
   나. 노인일자리사업 외 기타 정부부처의 일자리사업(희망근로사업 등)에 동시참여 불가하다.
   다. 월 기본급 ○○만 원을 지급하고 수입금의 70%를 출근일을 기준으로 계산하여 지급한다.
   라. 점심시간과 저녁시간은 교대근무를 하며 근무시간에 포함되지 않는다.
   마. 참여자는 일일 판매량을 판매 일지에 반드시 기록하고, 오전 조는 오후 조에게 판매내역을 인계한다.
   바. 월 1회 근무상황부를 제출하며 미제출 시 급여 지급하지 않는다.
   사. 관련 안전사고 발생 시 산업재해보상보험을 적용한다.(개인적인 건강의 문제와 개인부주의로 발생한 질병 및 사고에 대해서는 복지관에서 책임지지 않는다.)
   아. 사업 중도 포기 시 근무일수를 기준으로 수입금을 계산하여 급여를 지급한다.
   자. 화성시니어클럽에서 결정한 근무 지침 및 활동 원칙을 준수한다. 불이행 시에는 중도 탈락 처리한다.

차. 계약기간은 준수한다. 부득이한 사정으로 중도 포기 시에는 2주 전 담당자에게 통보한다.
카. 참여자 선발 후 바리스타 교육이 실시된 이후 6개월 이전에 중도 포기하는 경우에는 교육비를 계산하여 환불한다.

계약체결일 년 월 일

- 사용자 사업장명:
- 대 표 자: (인)
- 소 재 지:
- 참여노인 성명: (인)
- 주민등록번호:
- 주 소:

출처: 한국노인인력개발원(2011d). 노인일자리사업 지침. 재구성.

7) 산업재해보상보험

각 사업단이 승인되고 참여자가 확정되면 근로복지공단에 사업단별 보험성립신고를 하여 사업단 별로 사업장 관리번호를 생성한다. 각 사업단 별로 선발된 최종 참여자의 이름과 주민등록번호를 입력하여 산재보험에 가입하도록 한다. 이는 사업시행 후 15일 이내에 실시하여야 한다. 참여자가 활동 중 중도 포기할 시 소멸신고를 하고 신규 참여자에 대해서는 산업재해보상보험 가입을 실시한다.

활동 전 참여자와 수요처에 활동 중 사고 발생 시 대처방법에 대해 안내한다. 사고 발생 시 가까운 병원을 방문하여 응급치료를 받은 후 사업담당자에게 바로 연락할 수 있도록 공지해야 하며, 사고와 관련하여 담당자가 해당병원을 방문하여 사고경위 및 진단내용을 확인한다. 그리고 참여자의 가족에게 연락을 취해 사고경위와 참여자의 상태를 알리고 안심시킨 후에 추후 진행내용을 안내한다. 또한 현재 방문한 병원이 산재지정 의료원인지 여부를 확인한 후 추가 치료를 진행한다.

산업재해로 판단될 시 '요양급여신청서'에 참여자의 인적사항과 사업장 관리번호, 출퇴근시간, 사고원인 및 발생상황 등을 구체적으로 작성하여 해당병원 원무과에 제출하면 병원에서는 의사의 초진소견서를 첨부하여 공단에 접수한다. 공단에서는 산업재해 여부를 심사하여 승인여부를 참여자와 기관에 통보한다.

산업재해 승인이 완료되면 승인된 기간 동안의 치료비를 지원받을 수 있다. 산재로 인해 근무가 불가할 경우 인건비는 근무일수만큼 지급할 수 있으며 요양기간 동안의 인건비는 70% 수준에서 휴업급여를 받을 수 있다. 휴업급여 신청 시 최근 3개월 간의 근무상황부, 활동일지(활동일수와 시간을 확인할 수 있는 자료)와 보수지급대장을 첨부하여 발송한다.

TIP 산업재해보상보험 가입

사업 참여 후 15일 이내에 신고하도록 되어 있으나 가급적 신고가 완료된 후 사업에 참여하도록 하는 것이 안전하다.

산업재해와 개인질병의 구분

참여자들의 연령이 높아 활동 중에 개인질병으로 인한 건강상의 문제가 발생하기도 한다. 개인질병과 산업재해의 판단여부는 근로복지공단에서 심사를 통해 결정하기도 하지만 근로조건합의서에 이러한 내용을 첨부하여 개인질병으로 인한 사고 발생과 산업재해로 인한 사고 발생 시 기관에서의 책임 여부를 명시해 두는 것이 좋다.

➔ 복지관에서 운영하는 일자리사업에 참여하고 있던 A 참여자는 주말 저녁 자택 화장실에서 뇌졸중으로 쓰러지신 후 의식을 잃었다. 이를 발견한 자녀가 급히 병원으로 이송하였으나 응급조치와 수술 후에도 끝내 의식을 찾지 못하시고 사흘 만에 돌아가셨다. 이에 가족들은 복지관에서 운영하는 사업 참여로 인해 건강이 악화되어 사고가 발생한 것이라고 주장하였다. 하지만 근로복지공단에서는 '업무상 과로'의 경우 지난 3개월 간의 근무시간을 평균 계산하여 재해발생일 직전 1주일 간 근무시간이 30% 이상 증가되어야 이를 과로로 판단하며 그를 입증할 수 있는 충분한 증빙자료가 있어야 요양급여신청을 할 수 있다는 입장을 보였다. 급식도우미 활동 중 급식실 내에서 미끄러져 타박상을 입거나 1-3세대 강사활동 중 넘어져 인대가 늘어난 경우, 스쿨존 내 교통지도 중 눈에 미끄러져 팔이 부러진 경우 등은 산업재해 승인을 받아 치료를 진행하였으나 근무시간 외 근무지와 상관없는 공간에서의 사고의 승인은 어려운 점이 있다.

8) 직무 · 소양교육 및 간담회

노인일자리사업 참여자를 대상으로 각 사업에 맞는 직무교육을 실시하여 활동능력을 배양하고 전문성을 향상하여야 한다. 연간 8시간의 직무교육과 6시간의 소양교육을 진행해야 하며, 교육형 사업단의 경우 연간 20시간의 직무교육을 실시해야 한다. 기본적으로 노인일자리사업 정책에 대한 교육과 사업운영 및 활동에 대한 기본교육을 실시하고 각 사업별로 세분화하여 전문강사 초빙을 통해 직무교육을 실시한다. 이는 타 수행기관과 연계하여 유사사업 간에 연합교육으로 진행할 수 있으며, 소양교육의 경우 사업단의 특성에 관계없이 전체 참여자를 대상으로 진행할 수 있다. 소양교육 시 한국노인인력개발원에서 제공하는 소양교육자료를 활용하여 다양한 내용의 교육을 알차게 실시할 수 있다. 간담회의 경우 각 사업단 별로 월 1회씩 진행하여 사업과 관련된 공지사항을 전달하거나 건의사항을 접수하고 그에 따른 개선방향을 모색한다. 간담회는 회의록을 작성하여 비치하면 된다.

▲ 실버급식도우미 파견사업 직무교육

▲ 강사파견사업단 연합 직무교육

9) 수요처 방문

유선을 통해 이루어지는 수시상담 외에 정기적인 수요처 방문을 실시한다. 화성시남부노인복지관에서는 기본적으로 연 2회 수요처를 방문하고 있으며, 사전에 수요처와 협의하여 방문일정을 계획하고 방문상담을 통해 참여자의 활동을 점검하고 건의사항을 접수하여 기록한다. 참여자의 활동시간에 방문하여 참여자를 격려하며 활동모습을 촬영하기도 한다. 수요처와의 상담 및 방문 내용은 일지를 기록하여 보관하고, 수요처 방문 후 구두 및 결과보고를 통해 앞으로의 개선방향을 모색한다. 노인일자리사업 담당자는 수요처 담당자와의 유기적인 연계를 통해 수요처와 참여자가 상호 만족할 수 있는 사업을 운영하는 데 힘써야 한다.

10) 근무관리

참여자는 활동 시 근무상황부와 활동일지를 작성하여 월 1회 제출하도록 한다. 근무상황부는 근무한 일자에 참여자와 수요처 담당자의 날인(서명)을 받는 일종의 출근부 역할을 하며, 활동일지는 활동한 날짜와 시간, 활동내용을 구체적으로 기록하여 세부 활동내용을 점검할 수 있도록 한다. 이는 급여지급일 전에 취합하여 근무결과를 보고하고 보수를 정산하여 인건비를 지급하는 근거자료가 될 수 있다.

화성시남부노인복지관에서는 각 사업단의 월별 근무결과 및 급여지급에 관련한 사항을 보고받아, 이를 바탕으로 일자리사업 월별 운영실적(각 사업단의 실인원, 연인원, 결산 포함)을 보고받아, 분기 · 반기 실적보고, 분기 · 반기 운영평가서를 작성하여 사업운영현황을 검토하고 개선사항을 모색하는 과정을 반복한다.

(　　　)년 (　　)월 근무상황부

- 사업수행 기관명: ○○복지관
- 수 요 처 기관명:
- 참 여 자 성 명:

구분	1 토	2 일	3 월	4 화	5 수	6 목	7 금	8 토	9 일	10 월
출근자		/							/	
확인자		/							/	
구분	11 화	12 수	13 목	14 금	15 토	16 일	17 월	18 화	19 수	20 목
출근자						/				
확인자						/				
구분	21 금	22 토	23 일	24 월	25 화	26 수	27 목	28 금	29 토	30 일
출근자			/							/
확인자			/							/
구분	31 월									
출근자										
확인자										

- 근무상황부 작성방법
  - 출근일에 도장 날인
  (출근자: 일자리사업 참여자, 확인자: 수요처 담당자)

총 근무일수	일
총 근무시간	시간

○○복지관

출처: 화성시남부노인복지관 내부자료(2011).

11) 만족도 조사

사업이 종료되면 참여자 및 수요처를 대상으로 만족도 조사를 실시한다. 참여자 전체를 대상으로 설문을 실시하며, 수요처에도 발송하여 모두 회신할 수 있도록 한다. 회신된 설문지를 분석 작업을 통해 사업운영의 효과성과 사업에 관련한 문제점들을 파악하고 차년도 사업 방향의 지표로 활용한다.

12) 결과보고회

연 1회 사업결과보고회를 실시한다. 이는 식전 공연, 참여자의 활동 영상, 당해의 사업운영실적을 보고하고 사업의 효과성과 개선사항 등을 참여자들과 함께 나누는 형식으로 진행된다. 한 해 동안 수고한 참여자들에 대한 감사와 격려의 자리이자 사업을 돌아보고 발전방향을 서로 모색하는 자리라고 할 수 있다.

▲ 만족도 조사와 결과보고서 책자

2 화성시남부노인복지관과 부설 기관의 노인일자리사업 사례

고품격 노인복지를 지향하는 화성시남부노인복지관과 풍요로운 노후 만들기에 앞장서고 있는 화성실버인력뱅크, 활기찬 희망사회를 만들기 위해 노력하는 화성시니어클럽이 함께 노인일자리사업을 활발하게 운영하고 있다. 노인일자리사업 수행기관으로 지정받은 3개 기관은 화성시로부터 사업을 위탁받아 2011년 현재 5개 유형 22개 사업단을 운영하여 705명 노인의 일자리를 지원하고 있다.

1) 화성시남부노인복지관 노인일자리사업

2009년 6개의 사업단 142명의 참여자를 시작으로 2011년 현재 7개 사업단 232명의 노인이 노인일자리사업에 참여하고 있다. 2009~2010년 화성시에서는 유일하게 교육형 사업단을 구성하여 운영하였으며, 공익형 사업이 초기 42명에서 현재 175명으로 3년 만에 4배 이상 확대되어 운영되고 있다. 또한 경기도 특화사업인 노인자살예방상담사업과 노후생활설계상담사업은 7개 수행기관 중 복지관에서 위탁받아 운영하고 있다. 또한 복지관 사회교육 프로그램을 통해 교육형 일자리 참여자를 육성하고 연계하여 그들의 전문성 확보와 직무능력을 향상시키고 있다.

(1) 공익형

실버급식도우미 파견사업은 2009년부터 시작된 사업으로 현재까지 운영되고 있으며, 초등학교를 대상으로 급식도우미를 파견하는 사업으로 수요조사를 실시하여 수요처를 선정하고 참여자와 근거리인 수요처에 우선 배치하여 실시되고 있다. 점차적으로 수요도가 높아지고 있으며, 사업단 규모 또한 확대되고 있다.

스쿨존안전지킴이사업은 2011년 신설되어 초등학교 앞 횡단보도에서 교통지도를 하는 사업으로 아동 및 청소년 교통사고를 예방하고 선도를 목적으로 이루어지고 있으며, 사업 종료 후에도 학교 자체 예산을 통한 연장 고용이 이루어지도록 노력하고자 한다.

(2) 교육형

생명사랑교육단사업은 2009년 노인생명보듬이, 2010년 노인생명돌보미로 운영되었다가 2011년 생명사랑교육단으로 사업단 명이 변경되었다. 화성시노인자살예방센터와 연계하여 우울증 및 자살예방상담, 홍보, 심리검사(불안우울검사, 우울증검사, 자살생각검사), 복지정보 제공 등의 활동을 하고 있으며, 관내 노인전문상담사의 슈퍼비전(주 1회) 교육을 통하여 역량을 강화하고 있다.

실버공익강사 파견사업은 2009년 신설되어 어린이집을 대상으로 노인 강사를 활용하여 1-3세대 연계 교육을 실시하고 있으며, 1-3세대 통합의 장이 마련되기도 한다.

노(老)-노(老) 강사 파견사업은 2009~2010년 사할린 동포 1:1 우리문화 교육강사 파견사업의 연장으로 화성시 거주 중인 사할린 동포를 대상으로 우리말, 우리문화 교육강사로 활동하였다. 2011년에는 수요처의 폭을 넓혀 지역사회와 복지관 내 사회교육사업 및 경로당활성화사업을 연계하여 한문, 노인건강, 난타 등의 교육을 실시하고 있다.

노후생활설계사사업은 경기도특화사업으로 2011년 신설되어 노후생활설계사 전문교육을 이수한 2명의 참여자가 활동하고 있다. 노인 혹은 일반인을 대상으로 개개인의 욕구에 적합한 노령연금, 장기요양보험, 국민연금, 건강보험 등 실생활과 관련된 정책을 안내한다. 또한 더불어 신체 건강, 심리 안정, 사회참여 등 통합적인 관점에서 맞춤형 컨설팅을 통하여 성공적인 노후생활에 필요한 자원을 연결해 주는 '다리'로서의 역할을 담당하고 있다.

(3) 시장형

실버공동작업장은 2009년 신설된 사업으로 쇼핑백 접지 작업을 통해 수익을 창출하고 있다. 참여자의 능력에 따라 역할을 분담하여 진행하고 있으며, 참여자들의 작업이 능숙해짐에 따라 많은 작업량을 소화하게 되면서 수익금이 상승하고 있다.

현재 화성시남부노인복지관에서 실시하고 있는 노인일자리사업의 현황은 다음 | 표 3-1 |과 같다. 현재 사업유형 수는 감소하였으나 사업단 수 및 참여인원은 점차적으로 증가하였다. 2009년 참여인원 및 예산 대비 2011년 현재 1.5배 증가하여 노인들에게 일자리를 제공하고 경제적으로 도움을 주었다. 이러한 결과는 화성시남부노인복지관 노인일자리사업에 대하여 중 · 장기적으로 긍정적인 기대를 할 수 있을 것으로 보인다.

| 표 3-1 | 화성시남부노인복지관 일자리사업 현황

내용 / 연도	사업유형 수	사업단 수	참여인원	예산
2009년	4개	6개	142명	207,150,000원
2010년	4개	7개	154명	230,100,000원
2011년	3개	7개	232명	353,270,000원

화성시남부노인복지관 연도별 일자리사업 유형별 현황은 다음 | 표 3-2 |와 같다.

| 표 3-2 | 화성시남부노인복지관 일자리사업 유형별 현황

유형 \ 연도	2009년	2010년	2011년
공익형	• 실버급식도우미 파견사업	• 실버급식도우미 파견사업	• 스쿨존 안전지킴이 • 실버급식도우미 파견사업
복지형	• 노인생명보듬이	• 시설전담도우미 • 노인생명돌보미	
교육형	• 전통놀이강사 파견사업 • 사할린동포 우리말 교육강사 파견사업	• 1-3세대강사 파견사업 • 사할린동포 우리문화 교육강사 파견사업	• 실버공익강사 파견사업 • 노후생활설계사 • 생명사랑교육단 • 노(老)-노(老) 강사 파견사업
시장형	• 실버카페테리아 • 실버공동작업장	• 실버카페테리아 • 실버공동작업장	• 실버공동작업장

이상의 | 표 3-2 |와 같이 화성시남부노인복지관 노인일자리사업은 교육형에 초점을 두어 실시하고 있는데, 그 이유는 노인복지관에서 실시하는 사회교육 프로그램을 통해 역량이 강화된 노인들이 노인일자리사업에 참여하여 교육 위주의 업무를 담당하고 있기 때문이다. 예를 들어 화성시남부노인복지관 1-3세대 통합 프로그램인 그린나래는 실버공익강사 파견사업에 참여중인 노인들이 강사로 참여하여 활동하고 있어 사업의 효율성을 극대화 할 수 있다.

(4) 활동사진

▲ 생명사랑교육단

▲ 실버공익강사

▲ 노(老)-노(老) 강사

▲ 노후생활설계사

▲ 실버급식도우미

▲ 실버공동작업장

2) 화성실버인력뱅크

실버인력뱅크는 급속한 고령화와 노동시장의 변화 등 새로운 환경에 대응하기 위하여 경륜과 경험을 지닌 노인들의 적성과 욕구에 맞는 자원봉사, 사회활동 참여를 지원하기 위한 '통합 서비스' 전담기관으로 2006년 경기실버인력뱅크를 개소하여 2008년 25개소로 확대, 2009년에 6개의 실버인력뱅크를 추가 개소하여 31개의 실버인력뱅크가 운영되고 있다.

화성실버인력뱅크는 2007년 노인일자리사업을 시작하여 현재까지 5년간 노인일자리사업을 운영해 오고 있다. 사업 초기에는 3개 유형 4개 사업단을 구성하여 211명의 노인일자리를 운영하였고, 2008년엔 3개 유형 8개 사업단 303명의 노인일자리 운영, 2009년에는 2개 유형 6개 사업단 243명의 노인일자리 운영, 2010년에는 2개 유형 7개 사업단 278명의 노인일자리를 운영하였고 2011년 현재는 3개 유형 8개 사업단 247명의 노인일자리를 운영하고 있다(| 표 3-3 | 참고).

(1) 공익형

시니어기자단은 2011년 신설사업으로 지역사회 현황 및 노인 관련 이슈 등을 취재하여 화성시 사회복지관련 홈페이지와 노인복지관련 사이트에 칼럼 및 기사를 제공하는 역할을 한다.

실버도우미사업은 화성시 관내 공공시설(주민자치센터, 도서관) 유사기관에 실버도우미를 파견하여 기관에 필요한 서비스를 제공하여 민원을 최소화하고자 한다.

(2) 복지형

문화복지지원사업은 문화혜택을 받지 못하는 노인이나 노인복지시설에 입소하신 노인들에게 직접 찾아가 공연을 펼쳐 즐거움과 문화혜택을 제공하는 사업이다.

1-3세대 학습도우미사업은 지역아동센터, 어린이집과 연계하여 초등학교 학생들의 방과 후 학습지도, 급식도우미 등의 역할을 실시하여 1-3세대 간의 교류를 증진시키는 사업이다.

노(老)-노(No) 상담사업은 전문적으로 양성된 노인상담사들이 복지관 내외에서 노인문제를 상담하고, 필요시 복지서비스를 제공하여 다양한 상담업무를 실시하는 역할이다. 경기도 내 노인문제 상담 및 취업욕구가 있는 노인인력 및 구인희망업체 개발 등 노인 취업활성화를 위한 역할이다.

독거노인안전지킴이사업은 독거 노인들의 건강과 안전을 위해 안부전화, 방문을 실시하여 이들의 안전을 확인하고 정서적인 상담을 지원하고 있다.

노(老)-노(No) 도우미사업은 신체적으로 취약한 노인들을 찾아가 말벗, 청소, 밑반찬을 실시하는 등 신체적으로 취약한 노인들에게 정서 · 가사지원을 하는 사업이다.

(3) 인력파견형

민간일자리 창출은 관내 기업체와 협조하여 경비원, 미화원 및 그 밖에 필요한 민간취업을 연결하는 활동이다.

현재 화성실버인력뱅크에서 실시하고 있는 노인일자리사업은 다음 | 표 3-3 | 과 같다. 2009년 대비 사업유형과 사업단 수는 증가하였음을 확인할 수 있다.

| 표 3-3 | 화성실버인력뱅크 일자리사업 현황

연도 \ 내용	사업유형 수	사업단 수	참여인원	예산
2009년	2개	6개	243명	324,700,000
2010년	2개	7개	278명	360,900,000
2011년	3개	8개	247명	329,610,000

화성실버인력뱅크 일자리사업 유형별 현황은 다음 | 표 3-4 |와 같다.

| 표 3-4 | 화성실버인력뱅크 일자리사업 유형별 현황

유형 \ 연도	2009년	2010년	2011년
공익형	–	–	• 시니어기자단 • 실버도우미사업
복지형	• 1-3세대 학습도우미사업 • 문화복지지원사업 • 노(老)-노(No) 도우미사업 • 노(老)-노(No) 상담사업 • 독거노인안전지킴이	• 실버도우미사업 • 1-3세대 학습도우미사업 • 문화복지지원사업 • 노(老)-노(No) 도우미사업 • 노(老)-노(No) 상담사업 • 독거노인안전지킴이	• 1-3세대 학습도우미사업 • 문화복지지원사업 • 노(老)-노(No) 상담사업 • 노(老)-노(No) 도우미사업 • 독거노인안전지킴이
인력파견형	• 민간노인일자리 창출사업	• 민간노인일자리 창출사업	• 민간노인일자리 창출사업

화성실버인력뱅크는 복지형 일자리에 중점을 두고 있으며, 각 유형별 전문성을 확보하기 위해 노력하고 있다. 특히 노인일자리사업에 참여한 노인들이 활동이 종료된 후에도 자원봉사로 활동하실 수 있도록 유도하는 중간 다리 역할을 담당하고 있으며, 이를 통해 노인들에게 여가활동과 자기실현의 기회를 제공하고 화성시 지역에 맞는 노인자원봉사 프로그램을 개발하는 것을 중점사업으로 하고 있다.

(4) 활동사진

▲ 문화복지지원사업

▲ 1-3세대 학습도우미사업

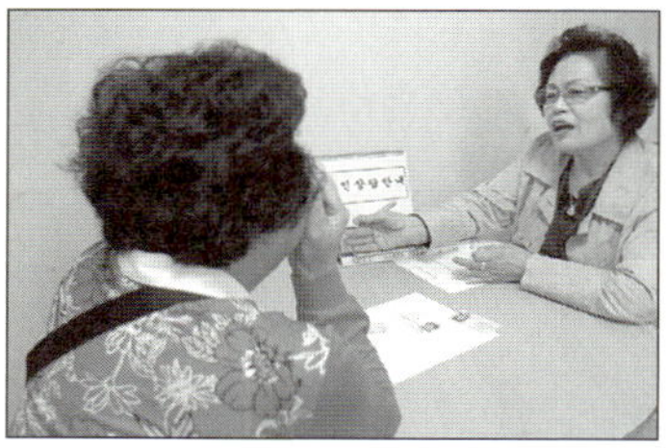

▲ 노(老)-노(No) 상담사업

▲ 실버도우미사업

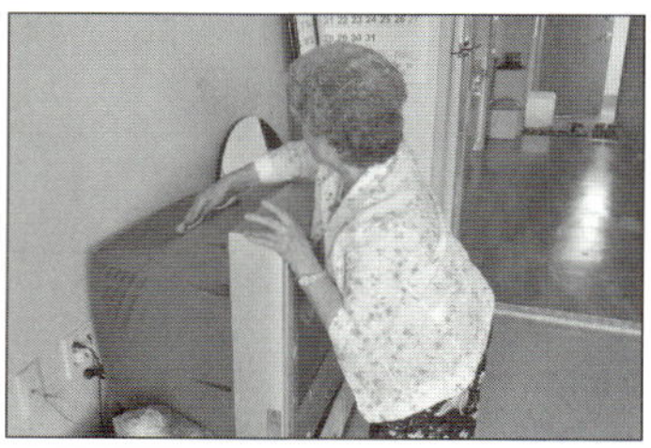

▲ 노(老)-노(No) 도우미사업

▲ 시니어기자단

3) 화성시니어클럽

화성시니어클럽은 2010년 12월에 개관하여 2011년 현재 4개 유형 7개 사업단을 운영하고 있으며, 226명의 노인들이 참여하고 있다. 시니어클럽은 노인일자리 유형 중 시장형 사업에 주력하고 있으며, 현재 커피앤 사업단과 소나무분재 사업단이 활동하고 있다. 특화사업으로 마을기업을 통해 선정된 무공해 콩나물 사업단도 있다. 무엇보다 수익을 창출하는 사업들이 과도기에 있어, 안정기에 도립하게 되면 자립적으로 운영될 수 있을 것으로 보여 국가적 측면에서 볼 때 사회부담비용이 절감되는 효과를 볼 수 있을 것으로 기대된다. 또한 인력파견형으로 민간노인일자리 창출사업이 진행되고 있다.

(1) 공익형

보행안전도우미 파견사업은 초등학교에 파견되어 교통안전 지도 및 각종 범죄에서도 어린이들이 학교를 안전하게 다닐 수 있도록 등 · 하굣길을 지도하고 있다.

실버사서도우미 파견사업은 사서도우미가 없거나 부족한 초등학교 도서관에 사서교육을 이수한 실버사서도우미가 파견되어 도서관 내에 열람지도 및 독서지도 활동을 하고 있다.

방제 및 소독사업은 보건소와 연계하여 일자리 참여자에게 소독교육을 실시하고 어린이집, 유치원을 대상으로 학습교재, 완구, 가구 등에 서식하는 집먼지를 제거하고 전염병을 예방하기 위해 소독을 실시하고 있다.

(2) 교육형

건강놀이강사 파견사업은 어린이집, 유치원을 대상으로 체육문화서비스를 제공하는 사업으로 일자리 참여자가 게이트볼에 대한 경험과 지식을 가지고 수요처에 파견되어 게이트볼을 놀이화하여 지도하고 있다. 일자리 참여자와 아동들이 함께 활동하여 1-3세대 간에 교류할 수 있으며, 일자리 참여자의 경우 신체적 · 정신적인 건강이 도모되어 긍정적인 효과를 가져온다.

(3) 시장형

인공소나무분재 제작사업단은 손재주가 있으신 일자리 참여자들이 모여 운영되고 있으며, 인공솔가지와 소나무 껍질을 이용하여 소나무를 만들어 관공서 및 공공기관, 민간기업, 개인 등에게 판매하고 있다.

커피앤 사업단은 현재 화성시에 8개의 매장을 운영하고 있으며, 전문 실버바리스타를 육성하여 맛과 질이 좋은 커피를 판매하고, 편안한 휴게 공간을 마련하여 지역주민들 간의 교류의 장을 제공하여 지역주민의 복지만족도를 높이고 있다.

(4) 마을기업사업

마을기업사업이란 지역 공동체의 각종 특화자원(향토, 문화, 자연 자원 등)을 활용해 지역주민 주도의 비즈니스를 통해 안정적인 소득과 일자리를 창출하는 마을 단위의 기업이다. 현재 화성시니어클럽에서는 무농약 콩나물 재배사업을 통해 화성시내 일자리 참여자들이 직접 옛날 방식의 형태로 무농약 무성장촉진제로 건강한 콩나물을 재배하여 판매하고 있어 지역사회에 건강한 먹거리를 제공하고 있다.

(5) 인력파견형

지역사회 내에 있는 민간업체와 연계하여 구직을 희망하는 노인들을 파견하고 있으며 현재 기업체 및 대형마트에 파견되어 활동하고 있다.

화성시니어클럽 일자리사업 현황은 다음 | 표 3-5 |와 같다.

| 표 3-5 | 화성시니어클럽 일자리사업 현황*

연도	사업유형 수	사업단 수	참여인원	예산
2011년	4개	7개	226명	262,700,000원

* 마을기업사업 참여인원 포함.

화성시니어클럽 일자리사업 유형별 현황은 다음 | 표 3-6 |과 같다. 화성시니어클럽은 시장형 사업에 주력하고 있는데 가장 활성화되고 있는 사업은 실버카페 커피앤 사업이다. 특화사업인 무농약 콩나물 재배사업은 화성시에서 초기 투자비용만 지원받아 실시하고 있다.

| 표 3-6 | 화성시니어클럽 노인일자리사업 유형별 현황

유형 연도	2011년
공익형	• 보행안전도우미 파견사업 • 실버사서도우미 파견사업 • 방제 및 소독사업
교육형	• 건강놀이강사 파견사업
시장형	• 인공소나무분재 제작사업, 실버카페 커피앤 사업
인력파견형	• 민간노인일자리 창출사업
마을기업사업	• 무농약 콩나물 재배사업

(6) 활동사진

▲ 건강놀이강사

▲ 실버사서도우미

▲ 무농약 콩나물 재배사업단

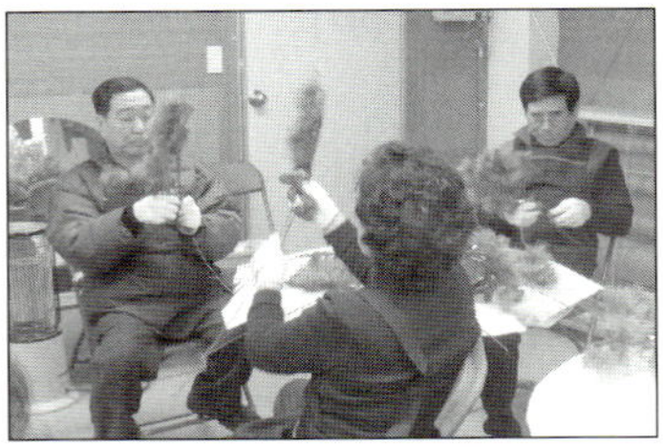

▲ 인공소나무분재 제작사업단

4) 소결

노인일자리사업은 전체적으로 큰 호응을 얻고 있는 상황이지만 보완해야 할 점도 많이 있다. 특히 활동기간이 짧은데다가, 노인일자리사업 수행기관별 사업단이 구분되지 않는다는 단점이 있다. 화성시남부노인복지관 및 부설 화성실버인력뱅크, 화성시니어클럽 또한 사업단이 상당히 중복적이며, 짧은 기간 동안 수행기관이 증가하면서 일반 노인 및 지역주민들이 노인일자리사업에 대한 인식이 부족한 상태이다. 화성시의 지리적 특성상 지역별 이동시간이 길기 때문에 수요처를 개발하는 것 또한 어려움이 많다.

이러한 애로사항이 있음에도 불구하고 향후 화성시남부노인복지관 및 부설 화성실버인력뱅크, 화성시니어클럽이 지향해야 할 중점사항은 다음과 같다.

화성시남부노인복지관은 교육형 사업을 중점으로 한 노인일자리사업에 초점을 둘 필요가 있다. 특히 복지관 사회교육 프로그램과 연계하여 노인들의 특성, 장점을 살려 강사를 양성해야 한다. 이를 위해 전문적이고 체계적인 교육이 필요하며, 이를 통해 노인일자리사업 참여자의 역량을 강화하고 수준 높은 강사를 양성, 파견하는 데 중점을 두어야 할 것이다.

화성실버인력뱅크는 복지형 사업을 중점으로 지역사회 내 소외계층을 대상으로 한 정서적 안정서비스와 가사지원에 초점을 두어야 할 것이다. 또한 일자리사업 수행기간이 종료된 후에도 자원봉사활동으로 연계될 수 있도록 중간 '다리' 역할을 수행해 나가야 할 것이다.

화성시니어클럽은 시장형 사업을 중점으로 한 자체적인 수익 창출에 초점을 둘 필요가 있다. 이를 통해 참여자들이 한정된 보수를 지급받는 것이 아니라 추가적인 소득 창출을 제공하여 경제적인 욕구를 해소할 수 있도록 해야 할 것이다. 특히 화성시 실버카페(커피앤)의 경우 최대 40만 원까지 보수를 지급하고 있다는 점에서 그 기대효과가 상당히 크다고 볼 수 있다. 또한 화성시니어클럽은 사업기간이 타 사업기간(평균 7개월)보다 길고 참여자들이 전문적인 기술(예 바리스타, 소나무 분재기술, 콩나물 재배 등)을 습득할 수 있다는 데 큰 장점이 있다.

이러한 결과를 바탕으로 화성시남부노인복지관 및 부설 화성실버인력뱅크, 화성시니어클럽이 나아가야 할 방향을 나타내면 | 그림 3-1 |과 같다.

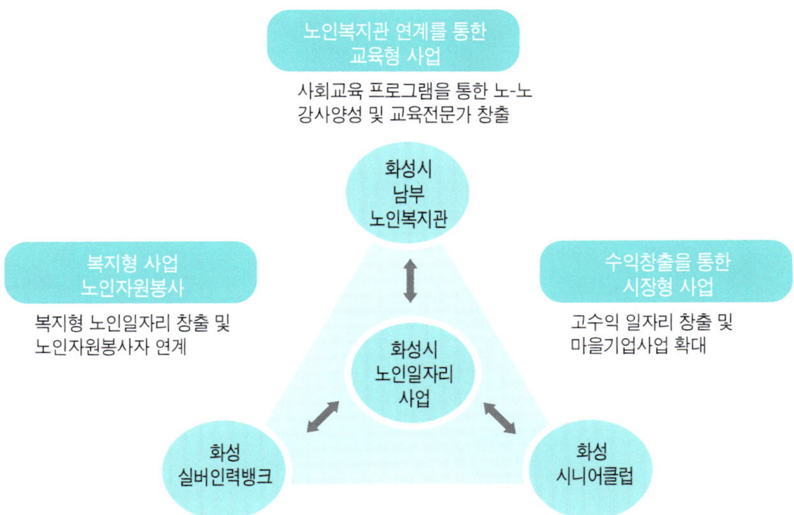

| 그림 3-1 | 노인일자리사업의 발전 모형

쉬어가기

커피와 사랑에 빠진 실버바리스타

김지승_실버바리스타 노인일자리 참여자, 70세

나는 노인들의 일자리 마련을 위한 사업에 참여하여 전문적인 교육을 받고 실버바리스타로 활동함으로써 삶의 보람을 찾고 주체적인 삶을 살아가는 데 많은 도움을 받았다.

정말 하고 싶었던 일이고 나도 무엇인가 할 수 있다는 자부심으로 카페를 찾는 사람들과 대화를 나누며 최고의 서비스를 제공하고 있다. 노부부가 다정하게 마주 앉아 차(茶)를 마시면서 대화하는 모습이 가물거리는 모닥불에 장작을 넣듯이 아름답고 행복해 보인다. "커피 참 맛있네요. 담에 또 와서 마셔야겠어요."하며 웃는 모습에 뿌듯함을 느낀다.

따뜻한 차(茶)를 마시는 또래 노인들을 보며 옛 생각을 떠올려 본다. 즐거웠던 친구와 연인 생각! 정말 행복했던 옛 추억이지만, 지금 내가 일하는 순간 만큼은 모든 것을 다 얻은 것처럼 행복하다. 화성시남부노인복지관과 커피앤 사업이 없었다면 많은 노인들이 집에서 과연 무엇을 하고 있을까? 경로당에서 화투를 치거나 집에서 지루함을 달래기 위해 술을 마시며 지냈을 거라는 생각을 하니 나의 일에 중요성을 새삼 느끼게 된다.

출처: 화성시남부노인복지관(2009). 만사대전보 창간호, p. 8.

3 실버카페 커피앤 만들기

현재의 노인일자리사업은 노인들의 다양한 참여욕구에 대응하는 데 한계가 있다. '커피앤' 사업은 단편화된 노인일자리사업이 아닌, 소규모 창업 및 전문직종 사업으로서 지역의 특수성과 노인의 능력을 고려한 일자리이다. 일정기간 사업비 또는 참여자 인건비를 일부 보충지원하고 추가적인 소득창출을 위해 연중 운영하는 일자리로, 장기적인 근로와 안정된 소득을 희망하는 노인들의 욕구를 충족하고 점진적으로 국가지원에 대한 의존에서 벗어날 수 있는 기반을 마련하는 시장형 사업이다. 현재 화성시니어클럽에서는 8개의 커피앤 사업을 운영하고 있으며, 약 70명의 참여자들이 실버바리스타로 활동하고 있다.

1) 커피앤 사업 진행순서

커피앤 사업의 진행순서는 기본적으로 다음 | 그림 3-2 |와 같다.

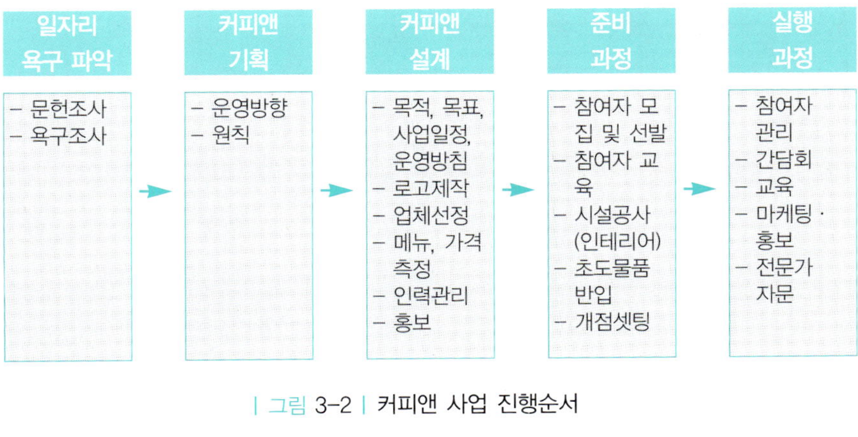

| 그림 3-2 | 커피앤 사업 진행순서

2) 커피앤 사업의 세부 절차 및 사업 진행방법

(1) 노인일자리의 욕구

화성시의 전체인구 중 노인인구는 38,000명으로 전체인구의 7.6%를 차지하고 있다. 통계청 자료에 의하면 2009년 65세 이상 고령자의 가장 큰 어려움으로 '경제적인 문제(41.4%)'가 가장 많았고, 고령층이 취업을 희망하는 이유는 '생활비에 보탬이 되어서(56.8%)'가 가장 많은 비중을 차지하는 것으로 나타났다. 이렇듯 노인들이 희망하는 복지서비스는 소득보장에 대한 부분이 가장 높은 비율로 나타났으며, 취업을 희망하는 노인에 대한 일자리 지원이 1, 2순위로 나타나 노인의 경제활동에 대한 높은 욕구를 반영하고 있다.

한국노인인력개발원 노인일자리사업의 경제적 효과자료에 의하면 일자리 참여노인들의 78.3%가 경제적 도움이 된다고 응답했고, 건강증진, 의료비 절감효과와 사회단체 참여도가 증가한 것으로 나타났다. 이로 볼 때 노인에게 일자리를 제공하는 것은 사회적 비용을 절감하고 노인의 경제적 욕구, 일자리 참여욕구 양자를 모두 충족시킬 수 있는 방안이다. 시장형 외의 노인일자리사업의 경우, 일정기간 지자체에서 지원하는 정액의 급여를 지급하고 있지만 커피앤 사업은 시장형 사업으로 연중 가능한 사업이며, 기본 인건비와 더불어 추가적인 소득창출을 통해 다른 유형의 사업과는 달리 노인일자리에 대한 욕구를 좀 더 해소할 수 있다. 또한 노인인구가 점차 지식과 기술을 보유한 고학력, 전문인의 특성을 띠고 있어 기존의 단순 공공근로 등의 형태로는 노인들이 가진 역량을 발휘하기엔 역부족이지만 커피앤은 바리스타라는 전문적인 교육을 통해 노인의 역량강화 및 자아존중감을 향상시킬 수 있으며, 지역사회 내에 사업장을 두어 사회의 구성원으로서 활동할 수 있다. 이렇듯 커피앤 사업은 노인의 다양한 욕구를 충족시킬 수 있는 사업이며, '커피'라는 매개체를 통하여 세대 간의 교류를 활성화하고 갈등을 예방하여 건강한 지역공동체를 만들 필요가 있다. 이러한 욕구들을 토대로 커피앤 사업이 시작되었다.

(2) 커피앤 기획

커피앤의 기획은 구체적인 설계에 앞서 목적과 목표, 어떤 방법으로 어떻게 운영할 것인가에 대하여 단기적 또는 장기적으로 계획을 수립하는 것이다. 기획 단계에서는 전반적인 방향성과 성격 및 개념을 설정하는 과정을 거치게 된다.

① 커피앤 기획방법

커피앤 사업의 초기투자비 확보, 공간의 확보, 시장성, 주변시설, 인근지역 주민의 사회적 구성, 지역의 소득수준, 인구밀도, 접근성, 상권 등의 입지조건을 고려하여 기획해야 한다. 사업장에 대한 충분한 분석을 통하여 상권에 대해 정확히 이해해야만 메뉴, 레시피, 인테리어, 가격 등을 예상하고 측정할 수 있다. 사업장에 대한 분석을 할 때에는 주변 유사업종에 대한 정보와 유동인구, 건물 사용인원 수, 사업장 주변의 거주하는 연령대 경제정도 등을 파악하여 메뉴와 가격을 측정하고, 시설 현황과 여건, 활용 가능한 내부 자원 등이 있는지를 면밀히 분석하여, 동원할 수 있는 지역사회 자원을 파악하도록 한다.

노인들에게 일자리를 제공하기 위해 시작한 커피앤 사업은 사회복지적인 마인드만으로는 운영하기에 부족한 부분들이 많다. 커피앤 사업은 일반 창업과도 의미하는 바가 같기 때문에 창업을 위한 정보가 충분히 요구된다. 법적인 부분과 인사, 노무에 대한 부분, 회계적인 부분, 인테리어 등의 전문적인 지식이 필요하다. 이를 충족하기 위해서는 각 분야에 전문위원을 위촉하여 운영의 방향 설정 및 진행상의 기술적인 자원을 자문받을 수 있는 시스템을 갖추는 것이 좋다.

② 커피앤 사업의 운영방향과 원칙

공공의 목적을 두고 있는 사업이기에 목적을 뚜렷이 하고, 그 목적을 이루기 위한 방향성과 원칙을 세워 운영될 수 있도록 한다.

커피앤의 방향과 원칙은 역량강화, 건강증진, 사회참여, 소득창출이 네 가지이다. 밝고 힘찬 노인의 신(新)문화를 창출하고, 건강한 생활을 현실화하고, 일을 통해 사회참여를 증진시키고, 수입창출을 통해 자립하는 노인일자리사업이 되고자 한다.

TIP 지자체와 협력하라

커피앤의 경우 지자체와의 협력을 통해 이룬 사례라고 할 수 있다. 사업을 진행하기 위해 공모사업과 기업체의 후원을 통해 초기투자비용을 마련하였고, 공간의 확보는 지자체에서 운영하고 있는 공공기관(복지관, 체육센터, 도서관, 시청 등)을 활용하여 일정기간 무상임대를 하여 운영되고 있다. 초기투자비용으로는 임대료를 감당하기엔 무리가 있을 수 있다. 또 수익이 안정되지 않은 상황에서 과도한 임대료를 지불하였을 때 참여자와 사업에 타격이 가해질 수도 있다. 일정기간 무상임대를 통해 사업의 활성화와 참여자의 업무능력 향상에 집중하고, 사업이 안정기에 접어들었을 땐 임대료를 지불할 수 있도록 하는 지자체의 배려가 있었다. 이렇듯 기관의 열정과 지자체의 관심으로 '커피앤' 사업은 시작되었다.

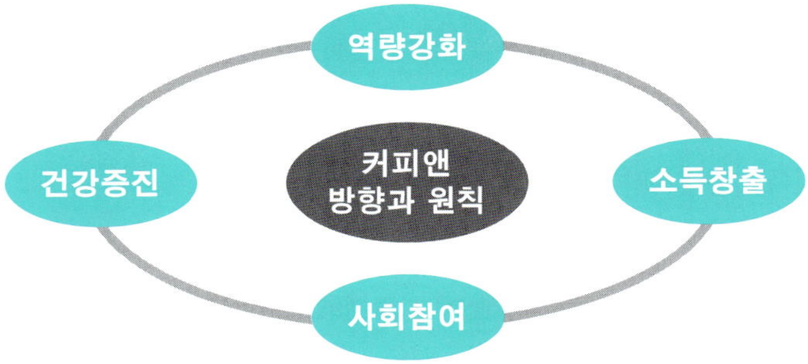

| 그림 3-3 | 커피앤 사업 운영방향과 원칙

쉬어가기

우린 시청 · 복지관 · 경찰청에 커피 마시러 가요!

8일 오전 경기도 성남시청 동관 9층 '하늘 북카페'.

"어머, 예쁘게 잘 꾸며놨네!"

주부들이 문을 들어서며 감탄사를 연발했다. 카페에 들어선 아이들은 독서에 빠져 들었다.

관공서가 변하고 있다. 권위의 상징처럼 여겨지던 시장실 · 부시장실을 시민의 문화공간으로 내놓는가 하면 경찰관서 입구에서 커피향이 민원인을 마중한다.

성남시는 7월, 시청에서 가장 전망이 좋고 넓어 '아방궁'이라는 비판을 받던 9층 시장실을 북카페로 개방했다. 이달 초에는 바로 옆 부시장실까지로 넓혔다. 9,000여 권의 책과 정보검색실을 갖추고 오전 9시부터 오후 10시까지 운영한다. 원두커피 한 잔이 500원이다. 판매수익금은 공동모금회에 기부한다.

평택시는 시청과 송탄출장소에 카페 '위드커피'를 열었다. 바리스타 교육을 받은 지적장애인 7명이 운영한다. 이들은 월평균 40만 원 가량의 급여를 받는다. 민원인들의 반응이 좋다. 안산시 단원 보건소도 7월 말 지적장애인 6명이 운영하는 북카페 '이-음'을 열었다. 수익금은 지적장애인의 직업재활교육사업에 사용한다.

화성시는 노인일자리 창출사업의 일환으로 '실버카페' 3곳을 운영한다. 향남읍 화성시남부노인복지관(커피나무)과 화성남부종합사회복지관(와플카페 마실), 동탄1동 홍사용문학관(올레커피하우스)에 있다. 22명의 노인이 3시간씩 돌아가며 일한다. 월 20만 원 정도의 급여를 받고 매출액이 많으면 성과급도 받는다.

경기지방경찰청은 1층 로비에 카페테리아를 설치했다. 음식점 배달원 김모(21) 씨는 "차갑고 딱딱한 경찰 분위기 때문에 주눅이 들어 불편했는데 카페가 생긴 뒤로 분위기가 한결 부드러워졌다."고 말했다.

출처: 중앙일보(2010. 10. 11.). 우린 시청 · 복지관 · 경찰청에 커피 마시러 가요!

(3) 커피앤 설계

커피앤 운영에 관한 구체적이고 세부적인 계획을 수립하는 단계로서 기본적으로 목적과 목표, 사업진행 일정, 수행인력, 운영방침, 홍보전략, 예산 등을 제시하여 추진하도록 한다.

1 목적과 목표

커피앤 운영을 통해 구직을 희망하는 노인들에게 안정적인 일자리를 제공하고 소득창출을 통한 경제적 안정과 사회참여의 기회를 제공한다. 커피앤 이용자와 지역주민들에게 맛과 질이 좋은 커피와 편안한 휴식 공간을 제공하고, 체계적인 매장관리, 인력관리를 통해 사업운영의 효율성을 도모하고 수익성을 높이고자 한다.

2 사업일정

사업운영을 위한 인테리어 공사, 참여자 모집 및 선발, 교육 등의 일정을 계획하여 사업의 진행 정도와 흐름을 파악하도록 한다.

3 운영방침

공통된 운영방침으로는 이용고객에게 맛과 질이 좋은 커피와 고품격 서비스를 제공함으로써 이용자의 만족도를 높이고 고객을 확보하여 고수익을 창출하도록 하며, 노인들에게 안정적인 일자리를 제공하여 경제적인 안정과 지속적인 사회참여가 이루어지도록 하는 것이다. 카페매장에서 다양한 이벤트를 마련하여 커피만 판매하는 영업장이 아닌 신문화 형성을 도모하도록 한다.

커피앤은 각 호점별 테마를 두어 운영하고 있다. 4호점의 경우는 노인들의 지혜와 여유이다. 다양한 연령층이 이용하는 만큼 노인들의 삶의 지혜와 여유를 느끼

| 표 3-8 | 사업일정 예시

커피앤 ○호점

- **사업명:** 커피앤 ○○호점
- **장　소:** ○○○○
- **수행인력:** 화성시니어클럽, 화성시 거주 만 60세 이상 노인 ○○명
- **사업일정:**

주요업무	수행인력	수행시기(월)													
		2010년		2011년											
		11	12	1	2	3	4	5	6	7	8	9	10	11	12
사업계획서 작성	담당자	▶													
사업 참여자 모집 및 선발	담당자	▶	▶												
소양교육	담당자		▶			▶			▶			▶			
직무교육	외부강사		▶		▶		▶		▶		▶			▶	
인테리어 공사	공사업체		▶												
사업개시	실버 바리스타		▶												
결과보고회	담당자		▶												▶
간담회	담당자			▶	▶	▶	▶	▶	▶	▶	▶	▶	▶	▶	▶
활동상담	담당자		▶		▶		▶		▶		▶		▶		
참여자 근무 결과보고	담당자		▶	▶	▶	▶	▶	▶	▶	▶	▶	▶	▶	▶	▶
참여자 만족도조사	담당자								▶						▶

6) 평생직장의 개념 변화

평생직장의 개념에서 평생현역이 더 중요한 가치가 될 것이다. 100세 시대에서는 평생직장 대신 평생현역이 더 중요한 가치가 되어 평생 한 직장, 한 직업을 갖는 시대가 아니라 평생학습을 통해 끊임없이 새로운 일자리를 찾을 수 있도록 '현역기간' 을 늘리는 일이 절실하게 요구된다. 이는 단기적이며 시혜적인 노인복지정책에서 탈피하여 장기적이고 예방적 차원의 적극적이며 능동적인 대처가 있어야 함을 말한다. 바로 여기에서 덴마크, 스웨덴 등과 같은 북유럽식 '학습-고용-복지' 연계 모형에서 나타나는 평생교육 체계를 벤치마킹할 필요가 있다는 것이다. 이들 북유럽 국가에서는 평생재교육과 유기적인 재취업 등을 가능케 하는 사회 시스템을 구축하는 일과 효과적인 운영을 사회복지 분야에서 감당하고 있다. 즉, 정부와 사회가 평생 지원하는 각종 재교육, 취업알선 프로그램이 노인복지실천 분야의 핵심영역으로 기능하고 있는 것이다(화성시남부노인복지관, 2011b).

노인들에 대한 일자리 창출은 단순히 구성원의 노후 소득수단으로서의 중요성뿐만 아니라 국가적으로 유용한 인적 자원을 활용하고, 노인을 지역사회에 통합시킴으로써 사회문제를 예방하고 사회복지비용을 절약하는 데 크게 기여할 것이다. 따라서 노인인구의 급속한 증가와 노인의 다양한 욕구 및 노인문제의 심각성 등에 대비하여 노인인력을 효율적으로 활용함으로써 노인복지증진에 기여할 수 있도록 국가와 지방자치단체가 앞장서서 다양한 정책개발과 지원이 필요하다고 할 수 있다.

이 준 우

총신대학교 종교교육학과, 동 신학대학원 졸업
숭실대학교 사회사업학과 학부과정 이수
숭실대학교 대학원 사회사업학 석사, 박사
강남대학교 사회복지학부 교수
강남대학교 사회복지대학 학장
강남대학교 사회복지전문대학원 원장
화성시남부노인복지관 관장
한국노인복지관협회 이사
경기도노인복지관협회 부회장
화성시 복지재단 운영위원
나래울 화성시복합복지타운 운영위원

지 경 희

청주대학교 사회복지학과 졸업
강남대학교 실천신학대학원 복지선교학 석사과정
화성실버인력뱅크 과장

황 수 정

강남대학교 사회복지학부 졸업
강남대학교 사회복지전문대학원 석사과정
화성노인복지연구소 연구원

이 현 아

강남대학교 사회복지학부(사회사업학 전공) 졸업
강남대학교 사회복지전문대학원 사회복지학 석사
강남대학교 사회복지전문대학원 박사과정
화성시남부노인복지관 부설 노인자살예방센터 노인전문상담사

안 슬 지

나사렛대학교 사회복지학과 졸업
화성시남부노인복지관 노인일자리사업 사회복지사